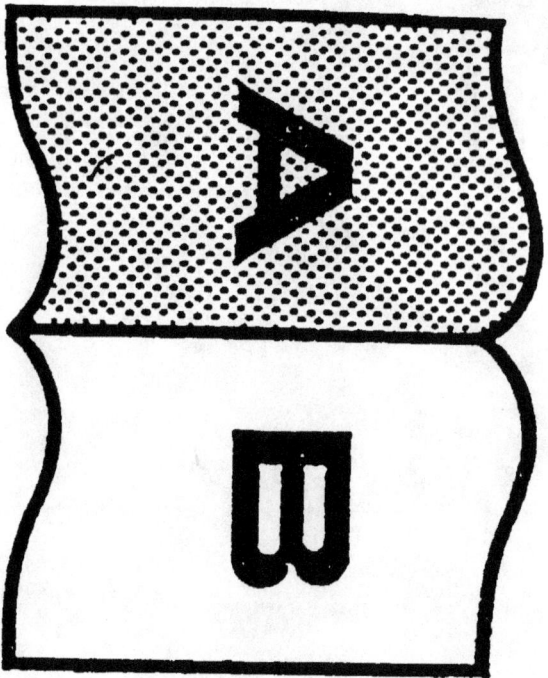

Contraste insuffisant
NF Z 43-120-14

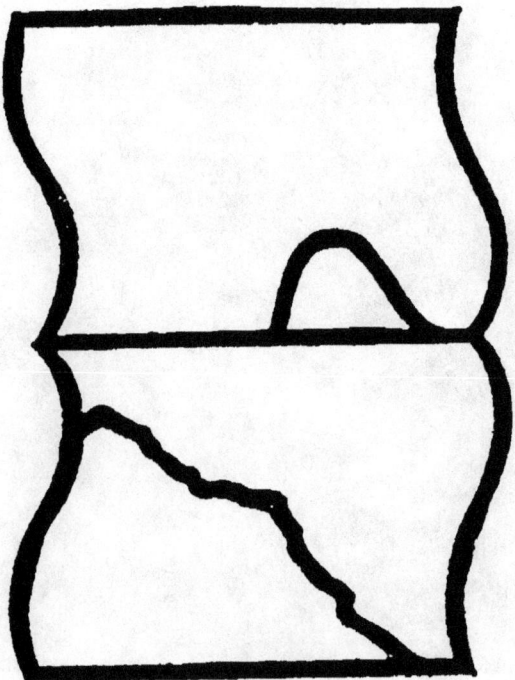

Texte détérioré — reliure défectueuse
NF Z 43-120-11

POUR 1918

POUR

PAR

POUR DAMES ET JEUNES FILLES

Mme ATHÉNA

# LE NOUVEL
# ORACLE DU DESTIN

672

LIBRAIRIE DES ROMANS CHOISIS

*04, Avenue de la République, 04*

# AVANT-PROPOS

## A NOS LECTRICES

Vous n'êtes certainement pas superstitieuses, Mesdames et Mesdemoiselles, et cependant je suis persuadée que vous ajoutez foi à vos pressentiments. Vous vous empressez de toucher du fer ou du bois dès que passe devant vous quelqu'un que vous n'aimez pas.

Il vous déplaît d'être treize à table et, comme le dit la chanson :

« Un rien vous bouleverse,
« Deux couteaux mis en croix.
« Le sel que l'on renverse, etc., etc.

Il est évident que les saisons, les phénomènes célestes ou terrestres, les objets extérieurs, ont sur nous une influence. On se demande : « Pourquoi ceci ?... pourquoi cela ?... » Nous sommes entourées de mystère et notre esprit inquiet cherche toujours à savoir

savoir l'avenir ?... Qui de nous n'a pas cette

Voici de quoi vous satisfaire. Consultez le nouvel ORACLE DU DESTIN !...

Ce petit livre peut être mis entre toutes les mains. Il sera le plus agréable passe-temps des soirées familiales.

Il est le plus complet des manuels de ce genre, le plus sérieusement étudié, le plus exact.

Il renferme : **l'Oracle Planétaire, l'Oracle** par le **cartes ; l'Oracle** par le **marc de café,** etc., etc.

**Les jeunes filles** à marier consulteront **l'Oracle des Fleurs** et les marraines **l'Oracle des Poilus...**

Le nouvel **Oracle du Destin** est le complément de nos précédentes publications : le **Secret de la femme, Ce que disent les fleurs, l'Art d'être belle,** etc.

**ATHENA.**

# ORACLE PLANÉTAIRE

## POUR

## LES DEUX SEXES

## ORACLE PLANETAIRE

### Note générale

### SATURNE

Joue un rôle important dans les prédictions astrologiques. Il a une mauvaise réputation de fatalité. Il prédispose à la tristesse et à la solitude. Il est méchant, orgueilleux et ivrogne.

### JUPITER

Jupiter est un excellent protecteur. Il indique une nature sage, libérale, très droite et très honnête, un esprit sagace et compatissant. Si parfois ceux qu'il inspire sont prompts à la colère, ils reviennent vite et ne sont jamais rancuniers ni vindicatifs.

### MARS

Mars inspire les militaires, les artisans qui travaillent le fer, les médecins, souvent il rend cruel, arrogant, orgueilleux, il dénote une grande confiance en soi.

### SOLEIL

Sous l'influence du Soleil tout se vivifie, l'homme est merveilleusement disposé dans ses proportions corporelles et spirituelles. Il est ambitieux, magnanime, amoureux, gourmand, beau parleur, parfois menteur. Les gens qui subissent l'influence du

Soleil dès leur naissance auront, dans la société, une place prépondérante.

## VENUS

La déesse des jeux, des grâces et des ris, chez les Grecs et les Romains, la planète qui influence les amants, les rend courtois, aimables, doux, beaux, parfois faibles mais sans méchanceté. Venus provoque aussi au libertinage.

## MERCURE

Mercure inspire tous les travailleurs et, en particulier, les commerçants. On n'a jamais expliqué pourquoi les anciens faisaient de Mercure le dieu des commerçants et des voleurs. Rend habile, ingénieux, actif.

## LA LUNE

L'influence de cette planète n'est pas douteuse. Elle prédispose à la rêverie, elle donne un tempérament flegmatique, peu d'initiative personnelle, ceci se conçoit puisque la Lune n'a pas de lumière par elle-même et qu'elle ne fait que réfleter celle du Soleil. Les gens lunaires ont la parole douce, sont plus blonds que bruns, sentimentaux et très superstitieux.

## ORACLE PLANETAIRE

### Manière de consulter l'oracle

1° Cherchez une question au questionnaire de la page 9 et retenez bien son numéro d'ordre.

2° Ouvrez le livre, page 10 et, placez, en fermant les yeux, votre doigt sur un des casiers.

3° Ouvrez les yeux et lisez le nom de la planète que cache votre doigt. C'est la planète qui vous répondra.

4° Cherchez dans le tableau de la page 11, au numéro d'ordre de la question, la lettre, dans la colonne de la planète, qui correspond à ce numéro d'ordre. C'est elle qui vous donnera la réponse.

5° Vous trouverez les réponses de :

**SATURNE,** page 12.     **JUPITER,** page 14
**MARS,** page 16.     **SOLEIL,** page 18
**VENUS,** page 20.     **MERCURE,** page 22.
**LA LUNE,** page 24.

### EXEMPLE

Supposons que vous posiez la question n° **16** M'aime-t-on ? — et qu'en fermant les yeux vous ayiez mis le doigt sur le Soleil.

Vous cherchez dans le tableau, page 11 le n° **16** et vous suivez jusqu'à la colonne **Soleil**. Vous remarquez que la réponse vous sera donnée par la lettre **I.**

Vous cherchez aux réponses de Soleil et vous trouvez, pour les jeunes filles, celle-ci à la lettre I « A la folie ! » et pour les jeunes gens : « Très sincèrement ! »

# ORACLE PLANETAIRE

## Questions

1. Que me réserve l'avenir ?...
2. Quel est mon plus grand défaut ?
3. Réussirai-je ?
4. Serai-je heureux (ou heureuse) en ménage.
5. Quelles sont les qualités de la personne que j'aime ?
6. Quelle profession dois-je choisir ?
7. Ai-je des ennemis ?
8. Que pense-t-on de moi ?
9. Gagnerai-je mon procès ?
10. Ferai-je un voyage bientôt ?
11. Amasserai-je des rentes ?
12. D'où me viendra le bonheur ?
13. Quelle est ma principale occupation ?
14. Déménagerai-je ?
15. D'où viendront mes peines.
16. M'aime-t-on ?
17. Aurai-je des enfants ?
18. Aurai-je une belle vieillesse ?
19. Que dois-je faire ?
20. Recevrai-je des nouvelles de l'absent ?
21. Aurai-je des étrennes ?
22. Aurai-je la réponse que j'attends ?
23. Ce que je pense se réalisera-t-il ?
24. Quelle est la physionomie de la personne qui m'aime ?
25. Aurai-je de la chance ?

# ORACLE PLANÉTAIRE

| | | |
|---|---|---|
| SATURNE | LUNE | VÉNUS |
| MERCURE | JUPITER | MARS |
| VÉNUS | MERCURE | LUNE |
| SOLEIL | MARS | SATURNE |
| JUPITER | VÉNUS | SOLEIL |
| MARS | SOLEIL | MERCURE |
| LUNE | SATURNE | JUPITER |

# ORACLE PLANÉTAIRE

| | SATURNE | JUPITER | MARS | SOLEIL | VENUS | MERCURE | LUNÉ |
|---|---|---|---|---|---|---|---|
| 1. | A. | B. | C. | D. | E. | F. | G. |
| 2. | H. | I. | J. | K. | L. | M. | N. |
| 3. | O. | P. | Q. | R. | S. | T. | U. |
| 4. | V. | X. | Y. | Z. | A. | B. | C. |
| 5. | D. | E. | F. | G. | H. | I. | J. |
| 6. | K. | L. | M. | N. | O. | P. | Q. |
| 7. | R. | S. | T. | U. | V. | X. | Y. |
| 8. | Z. | A. | B. | C. | D. | E. | F. |
| 9. | G. | H. | I. | J. | K. | L. | M. |
| 10. | N. | O. | P. | Q. | R. | S. | T. |
| 11. | U. | V. | X. | Y. | Z. | A. | B. |
| 12. | C. | D. | E. | F. | G. | H. | I. |
| 13. | J. | K. | L. | M. | N. | O. | P. |
| 14. | Q. | R. | S. | T. | U. | V. | X. |
| 15. | Y. | Z. | A. | B. | C. | D. | E. |
| 16. | F. | G. | H. | I. | J. | K. | L. |
| 17. | M. | N. | O. | P. | Q. | R. | S. |
| 18. | T. | U. | V. | X. | Y. | Z. | A. |
| 19. | B. | C. | D. | E. | F. | G. | H. |
| 20. | I. | J. | K. | L. | M. | N. | O. |
| 21. | P. | Q. | R. | S. | T. | U. | V. |
| 22. | X. | Y. | Z. | A. | B. | C. | D. |
| 23. | E. | F. | G. | H. | I. | J. | K. |
| 24. | L. | M. | N. | O. | P. | Q. | R. |
| 25. | S. | T. | U. | V. | X. | Y. | Z. |

# REPONSE DE SATURNE

## Séxe féminin

**A.** Plús de tristesse que de joie.
**B.** Te corriger de tes défauts.
**O.** De toi-même !...
**D.** Triste, craintif, maigre, sec.
**E.** Bientôt !
**F.** Oui, un gros maladroit.
**G.** Oui, car on te craint.
**H.** La moquerie.
**I.** Dans un délai très prochain.
**J.** La toilette.
**K.** La moins fatiguante pour ta petite personne.
**L.** Yeux ronds, teint olivâtre, lèvres grosses, face rubiconde.
**M.** Heureusement.
**N.** Voyage de noces ou sentimental.
**O.** Tu es trop flegmatique.
**P.** Si tu sais les mériter.
**Q.** Bien sûr tu es une girouette.
**R.** Plus que tu ne crois.
**S.** Au jeu plus qu'en amour.
**T.** Mélancolique.
**U.** Tu as tout ce qu'il faut pour ça.
**V.** Oui si tu trouves un mari complaisant.
**X.** Oui, si c'est une chose honnête.
**Y.** De ta méchanceté.
**Z.** Que tu es inconstante et frivole.

# REPONSE DE SATURNE

## Sexe masculin

**A.** Plus de tristesse que de joie.

**B.** Te corriger de tes défauts.

**C.** De ta femme.

**D.** Allures de courtisane, les yeux malins, belles épaules, très forte.

**E.** Bientôt.

**F.** Oui, une femme brune.

**G.** Oui, car on te craint.

**H.** L'orgueil.

**I.** Dans un délai très prochain.

**J.** Le café et la manille.

**K.** Un métier où tu peux dépenser ta force.

**L.** Grosse, les yeux cernés, lente à se mouvoir.

**M.** Saturne n'a pas de conseil à te donner.

**N.** Voyage d'affaires qui réussira.

**O.** Tu as de grandes ambitions, mais pas de courage.

**P.** C'est plutôt à toi d'en donner.

**Q.** De la tête, souvent !

**R.** Plus que tu ne crois.

**S.** Au jeu seulement.

**T.** A la condition de ne pas rester célibataire.

**U.** Oui, mais tu en dissiperas pas mal.

Non, parce que tu aimes trop le cabaret.

Oui, si c'est une chose honnête.

De ta suffisance.

Que tu es méchant, incrédule, moqueur, insolent.

## REPONSE DE JUPITER

### Sexe féminin

**A.** Beaucoup de bien.
**B.** Des surprises agréables.
**O.** Aimer.
**D.** De ton charme.
**E.** Prudent, sage et libéral.
**F.** Meilleur que tu ne pensais.
**G.** Tu le sais bien.
**H.** Il est gagné d'avance.
**I.** Prompte à la colère, mais bonne fille.
**J.** Demain matin.
**K.** L'amour.
**L.** Un métier de fantaisie.
**M.** Front haut, yeux bleus, belles dents, bel homme.
**N.** Deux garçons et une fille.
**O.** Oui, avec celui que tu aimes.
**P.** Par la sagesse.
**Q.** De superbes.
**R.** Garde-t'en bien.
**S.** Tu es trop gentille pour en avoir.
**T.** Dans ton ménage.
**U.** Pleine de souvenirs.
**V.** De tes adorateurs.
**X.** Oui, si tu es fidèle.
**Y.** Avant un mois.
**Z.** D'un chagrin d'amour.

# REPONSE DE JUPITER

## Sexe masculin

**A.** Beaucoup de bien.

**B.** Des surprises agréables.

**O.** Travailler.

**D.** De ta femme.

**E.** Arrogante et superbe.

**F.** Certainement.

**Q.** Trop !...

**H.** Mais oui, tu es bon avocat.

**I.** Coléreux, mais pas vindicatif.

**J.** On ne pense guère à toi.

**K.** La politique.

**L.** Profession libérale ou commerce d'art.

**M.** Belle taille, très proportionnée, regard malicieux.

**N.** Sûrement, et ils te ressembleront.

**O.** Très loin pour ta fortune.

**P.** Tu le mérites.

**Q.** Ta femme te réserve une surprise.

**R.** Pour te marier.

**S.** On ne t'en connaît pas.

**T.** Dans ton ménage.

**U.** Pleine de souvenirs.

**V.** Sur la fin de tes jours.

**X.** Oui, si tu es fidèle.

**Y.** Aide-toi le ciel t'aidera.

**Z.** De ta femme.

## REPONSE DE MARS

### Sexe féminin

**A.** De ta frivolité.
**B.** Que tu es une jolie personne.
**O.** Des honneurs sur tes vieux jours.
**D.** Tout pour être aimée.
**E.** D'un amour désintéressé.
**F.** Grand causeur, très sentimental.
**Q.** Conforme à tes vœux.
**H.** Adulée, courtisée, adorée.
**I.** Avec un sourire.
**J.** Trop d'audace.
**K.** Tu sais bien qu'il pense à toi.
**L.** Courir les grands magasins.
**M.** Celle qui te plaît le mieux.
**N.** Cheveux châtains, grand, maigre, beau parleur.
**O.** Je te le souhaite.
**P.** A Cythère.
**Q.** Auprès des hommes, toujours.
**R.** Moins que tu n'en désires.
**S.** Parbleu ! tu n'es bien nulle part.
**T.** Des envieux plutôt.
**U.** La prochaine fois.
**V.** Pleine de charmes.
**X.** Moins que d'enfants.
**Y.** Cela dépend de toi.
**Z.** Oui, pour ton plaisir.

## REPONSE DE MARS

### Sexe masculin

**A.** Des rhumatismes !...
**B.** Que tu as de la force de caractère.
**O.** Des honneurs sur tes vieux jours.
**D.** Assurer l'existence des tiens.
**E.** De ta raison.
**F.** Beaucoup de bon sens.
**G.** Conforme à tes vœux.
**H.** En silence.
**I.** Ce sera difficile.
**J.** La vantardise.
**K.** Bientôt.
**L.** L'amour de tes enfants.
**M.** Les armes, l'industrie ou la banque.
**N.** Modeste, svelte, profil de statue.
**O.** Autant que tu en as déjà.
**Q.** Pour recueillir un héritage.
**P.** A l'étranger.
**Q.** Plus en affaires qu'en amour.
**R.** Tu as passé l'âge.
**S.** C serait un tort.
**T.** Des envieux plutôt.
**U.** Dans tes amitiés.
**V.** Oui, malgré la goutte.
**X.** Sois moins dépensier pour cela.
**Y.** Tu le croiras.
**Z.** Compte sur toi d'abord.

# REPONSE DU SOLEIL

## Sexe féminin

**A.** Au gré de ta fantaisie.

**B.** De celles que tu auras procurées à d'autres.

**C.** Que tu as plus de chance que tu ne vaux.

**D.** Un bon mari et de beaux enfants.

**E.** Rester fidèle.

**F.** D'un jeune homme qui t'épousera.

**G.** La confiance absolue en toi.

**H.** Avec une légère désillusion.

**I.** A la folie !

**J.** Avec lui, peut-être !...

**K.** La gourmandise.

**L.** Il est en train de l'écrire.

**M.** Ta petite personne.

**N.** Une profession libérale.

**O.** Barbu, de beaux yeux, tempérament ardent.

**P.** Autant que de poupées.

**Q.** Au pays du Soleil.

**R.** Grâce à ta beauté.

**S.** Mérite-les par tes gentillesses.

**T.** Pour aller à Nice.

**U.** Tu t'en crées par ta faute.

**V.** Oui, car tu seras trompée.

**X.** Un coucher de Soleil.

**Y.** Bonne renommée vaut mieux que ceinture dorée.

**Z.** Oui, si tu fais des concessions.

## REPONSE DU SOLEIL

### Sexe masculin

**A.** Dans un temps prochain.

**B.** Des soucis de tes affaires.

**C.** Que tu es sujet à beaucoup de vices.

**D.** Une situation honorifique.

**E.** Rester honnête.

**F.** De la femme que tu aimeras.

**G.** La confiance absolue en toi.

**H.** Avec une légère désillusion.

**I.** Très sincèrement.

**J.** Oui, car ta cause est juste.

**K.** La dissimulation.

**L.** Dans quelques jours.

**M.** Ton commerce.

**N.** Profession libérale.

**O.** Une vraie fille du Soleil.

**P.** Garçon et fille.

**Q.** Pour recueillir un héritage.

**R.** Grâce à ton esprit.

**S.** Offre-les toi, ce sera plus certain

**T.** Pour habiter la campagne.

**U.** Tu t'en crées par ta faute.

**V.** A la chasse.

**X.** La gloire d'avoir bien vécu.

**Y.** Tu es entrain.

**Z.** Comme un coq en pâte.

## REPONSE DE VENUS

### Sexe féminin

Pourquoi pas ?

Oui, mais méfie-toi des belles promesses.

Du dieu malin.

J'aime mieux ne pas te le dire.

La félicité conjugale.

Le bonheur de celui que tu aimes.

De Venus.

Beauté, courtoisie, douceur, élégance, fidélité.

L'amour est un dieu malin qui ne veut pas
qu'on l'embête.

Pour tes défauts autant que pour tes qualités.

Tu es assez finaude pour ne jamais perdre.

L'inconstance.

Pourquoi l'as-tu éloigné, vilaine ?

Les soins de beauté.

Contente-toi d'aimer et d'être aimée.

Trop beau pour un homme.

Des chérubins qui plus tard seront ta joie.

Et Cupidon sera de la partie.

Sois bonne, fidèle, dévouée et tout ira bien.

Venus en reçoit toujours.

Retourne au nid des premières amours.

Des jaloux surtout.

Grâce à Venus.

Tu sauras être toujours jeune.

Oui, si tu deviens économe.

## RÉPONSE DE VENUS

### Sexe masculin

**A.** Non, parce que 'u n'es pas fidèle.
**B.** Avec demande de rendez-vous.
**O.** Du dieu malin.
**D.** Que tu es un coureur de dot.
**E.** La félicité conjugale.
**F.** Le bonheur des tiens.
**G.** Du mariage.
**H.** La perfection physique et morale.
**I.** Tu serais trop content.
**J.** Oui, mais pas pour toi-même.
**K.** Grâce à la protection d'une femme.
**L.** L'inconstance.
**M.** Dans le courant du mois.
**N.** Le culte de Venus.
**O.** Les arts, la littérature, la musique.
**P.** Des yeux pour la perdition de son âme.
**Q.** Tous ceux de ta femme.
**R.** Avec ta légitime.
**S.** Auprès des femmes légères.
**T.** Tu en donneras surtout.
**U.** Tu ne sais pas te fixer, parbleu !
**V.** Tes succès te créent beaucoup d'envieux.
**X.** En amour.
**Y.** Mêlée de regrets.
**Z.** Oui, si tu achètes une conduite.

# REPONSE DE MERCURE

## Sexe féminin

**A.** Des déceptions plutôt.

**B.** Si tu sais faire des concessions.

**O.** On te répondra dans peu de jours.

**D.** Des pertes d'argent.

**E.** Que tu es si intéressée que tu feras fortune.

**F.** De grands tourments.

**Q.** Continuer.

**H.** De ton travail journalier.

**I.** Economie, exactitude, raison, sagesse.

**J.** Mieux que tu ne crois.

**K.** As-tu le temps d'y songer seulement ?

**L.** En cabinet particulier.

**M.** L'amour du gain.

**N.** Elles sont en route.

**O.** Gagner de l'argent.

**P.** Le commerce.

**Q.** Brun, de très grands yeux, stature moyenne.

**R.** Oui, trois au moins.

**S.** Reste chez toi, cela vaudra beaucoup mieux.

**T.** En affaires plus qu'en amour.

**U.** Tu en reçois toute l'année.

**V.** Pierre qui roule n'amasse pas mousse.

**X.** Une jolie femme en a toujours.

**Y.** De l'argent tant que tu voudras.

**Z.** Tu ne te donnes pas le temps de vieillir.

# REPONSE DE MERCURE

## Sexe masculin

**A.** Des déceptions plutôt.

**B.** Si tu es moins coureur que tu n'es.

**C.** On te répondra dans peu de jours.

**D.** De voir échouer tes combinaisons financières.

**E.** Que tu as de grandes qualités commerciales.

**F.** De grands tourments.

**G.** Ne pas te lancer dans des opérations hasardeuses.

**H.** De la réussite dans tes affaires.

**I.** Toutes les qualités de la femme d'intérieur.

**J.** Non, parce que ce n'est pas sérieux.

**K.** Pour tes écus.

**L.** Un mauvais arrangement vaut mieux qu'un bon procès.

**M.** L'avarice.

**N.** Avec des détails circonstanciés sur son voyage.

**O.** Gagner de l'argent.

**P,** Le commerce.

**Q.** Tout ton portrait : Mam'zelle Chipie.

**R.** Faut-il te garantir qu'ils auront ta marque de fabrique ?

**S.** Et pendant ce temps-là, un autre prendra ta place.

**T.** Dans toutes tes entreprises.

**U.** Un baiser de tes enfants.

**V.** Oui, pour agrandir ton commerce et tu auras raison.

**X.** Ton manque de confiance en est cause.

**Y.** A la pêche à la ligne.

**Z.** La chaise longue, la canne, les pots de tisane.

# REPONSE DE LA LUNE

## Sexe féminin

**A.** Le dernier quartier est quelquefois beau.

**B.** Quelle question ? Richesse n'est pas bonheur.

**O.** Et tu auras beaucoup d'enfants.

**D.** A la pleine Lune.

**E.** D'une promenade sentimentale au Clair de Lune.

**F.** Que tu caches ton jeu.

**Q.** La perte de tes illusions.

**H.** Beaucoup de concessions.

**I.** De la Lune.

**J.** La douceur, le sentiment, la passion discrète.

**K.** A la nouvelle Lune.

**L.** Un poète et un banquier, choisis !

**M.** Autant vouloir décrocher la Lune.

**N.** La rêverie.

**O.** Et bientôt même il reviendra.

**P.** Rêver à la Lune.

**Q.** Celle qui demande peu d'effort.

**R.** Comme la Lune.

**S.** Nous en reparlerons le mois prochain.

**T.** Dans la Lune.

**U.** Ça dépend dans quoi ?

**V.** Pendant la lune de miel.

**X.** Dans une maison de santé.

**Y.** De bonnes petites amies qui te jalousent.

**Z.** L'Une... et l'Autre !...

# REPONSE DE LA LUNE

## Sexe masculin

**A.** Oui, car tu seras revenu de la Lune.
**B.** Quelle question ? Richesse n'est pas bonheur
**O.** Prends garde au croissant de Lune.
**D.** Tu te fais beaucoup d'illusions.
**E.** De n'avoir pas su regarder autour de toi.
**F.** Que tu ne dis pas toujours ce que tu penses.
**Q.** La perte de tes illusions.
**H.** Regarder la Lune.
**I.** De la manière dont tu élèveras des enfants.
**J.** Très lunatique !...
**K.** À la nouvelle Lune.
**L.** Pour tes écus.
**M.** Il est perdu d'avance.
**N.** Etre toujours dans la Lune.
**O.** Attends son retour.
**P.** Forger des chimères et ne pas voir les réalité
**Q.** Bureaucrate.
**R.** Comme la Lune.
**S.** Une demi-douzaine.
**T.** Au pays du rêve dont on revient fourbu.
**U.** Ça dépend dans quoi ?
**V.** Tu demandes trop de choses.
**X.** Tu as tout ce qu'il faut pour être toqué.
**Y.** Tu n'es pas assez riche pour en avoir.
**Z.** Plus que tu ne mérites.

# TABLEAU DES PLANETES ET DE LEURS PROPRIETES

Les 7 planètes correspondent aux 7 jours de la semaine. Selon le jour où l'on est né on est sous l'influence de l'une d'elles.

Le **Lundi** — jour de la Lune — : Nonchalance ; Mélancolie ; principal défaut : Paresse ; principale qualité : Imagination. — Couleur : le Vert. Pierre précieuse : Perles fines.

Le **Mardi** — jour de Mars — : Force ; Volonté ; principal défaut : Colère ; principale qualité : Courage. — Couleur : le Jaune. Pierre porte-bonheur : Améthyste.

Le **Mercredi** — jour de Mercure — : Commerce ; Inventions ; principal défaut : Envie ; principale qualité : Intelligence. — Couleur : le Bleu. Pierre porte-bonheur : Agate.

Le **Jeudi** — jour de Jupiter — . Droiture ; Autorité ; principal défaut : Gourmandise ; principale qualité : Bonté. — Couleur : le Bleu. Pierre porte-bonheur : Saphir.

Le **Vendredi** — jour de Venus — : Amour ; Beauté ; principal défaut : Sensualité ; principale qualité: Affection. — Couleur : le Rouge. Pierre porte-bonheur : Turquoise.

Le **Samedi** — jour de Saturne — : Malechance ; Fatalité ; principal défaut : Avarice ; principale qualité : Patience. — Couleur : Orange. Pierre porte-bonheur : Onyx.

Le **Dimanche** — jour du Soleil — : Chance en général ; principal défaut : Orgueil ; principale qualité : Sagesse. — Couleur : le Blanc. Pierre porte-bonheur : Chrysolithe.

# ORACLE DES AMOUREUX

## Réponses pour les Dames et Demoiselles

# ORACLE DES AMOUREUX

## Manière de consulter l'Oracle

1° Choisir une question au questionnaire, page
et retenir le numéro d'ordre.

2° Ouvrir à la page 31 et placer, en fermant
yeux, le doigt sur le casier magique.

3° La lettre indiquée par votre doigt vous répond
cherchez le numéro de l'oracle, en face du num
d'ordre au tableau des pages 32-33.

### EXEMPLE

Supposons que vous posiez la question : N° 1,
— Suis-je aimée ?...
et que vous ayiez mis, en fermant les yeux, le do
sur la lettre S.

Vous cherchez dans le tableau, pages 32-33 en
gard du n° 1 la colonne S et vous trouvez le ch
fre 23.

Vous cherchez l'oracle 23 et vous lisez à la let
S, cette réponse :

« Comme tu le mérites ! »

# ORACLE DES AMOUREUX

## Questions

I. Suis-je aimée ?
II. Croit-il que je l'aime ?
III. Que dois-je faire pour lui plaire
IV. Serai-je heureuse avec lui ?
V. Mon bonheur durera-t-il ?
VI. Notre brouille durera-t-elle ?
VII. Dois-je croire ce qu'il me dit ?
VIII. Sera-t-il fidèle ?
IX. Désire-t-il m'épouser ?
X. Aurai-je des enfants ?
XI. Quelle sera ma plus grande joie ?
XII. A-t-il aimé d'autres femmes avant moi ?
XIII. Qu'arrivera-t-il si je vais au rendez-vous ?
XIV. Me croit-il vertueuse ?
XV. Lequel dois-je choisir ?
XVI. Pourquoi m'aime-t-il ?
XVII. Dois-je cesser de le voir ?
XVIII. Lui écrirai-je ?
XIX. Que pense-t-il de moi ?
XX. Aurai-je de belles toilettes.
XXI. Ma faute est-elle connue ?
XXII. Que disent mes amies ?
XXIII. Est-il jaloux ?
XXIV. Trouverai-je mon idéal ?
XXV. Aurai-je de la chance ?

# ORACLE DES AMOUREUX

| X | C | K | Q | U |
|---|---|---|---|---|
| G | Y | D | L | R |
| N | H | Z | E | M |
| S | O | I | A | F |
| V | T | P | J | B |

| Questions | A | B | C | D | E | F | G | H | I | J | K |
|---|---|---|---|---|---|---|---|---|---|---|---|
| I | 1 | 25 | 10 | 1 | 25 | 10 | 1 | 2 | 3 | 4 | 5 |
| II | 2 | 24 | 11 | 2 | 24 | 11 | 2 | 3 | 4 | 5 | 6 |
| III | 3 | 23 | 12 | 3 | 23 | 12 | 3 | 4 | 5 | 6 | 7 |
| IV | 4 | 22 | 13 | 4 | 22 | 13 | 4 | 5 | 6 | 7 | 8 |
| V | 5 | 21 | 14 | 5 | 21 | 14 | 5 | 6 | 7 | 8 | 9 |
| VI | 6 | 20 | 15 | 6 | 20 | 15 | 6 | 7 | 8 | 9 | 10 |
| VII | 7 | 19 | 16 | 7 | 19 | 16 | 7 | 8 | 9 | 10 | 11 |
| VIII | 8 | 18 | 17 | 8 | 18 | 17 | 8 | 9 | 10 | 11 | 12 |
| IX | 9 | 17 | 18 | 9 | 17 | 18 | 9 | 10 | 11 | 12 | 13 |
| X | 10 | 16 | 19 | 10 | 16 | 19 | 2 | 11 | 12 | 13 | 14 |
| XI | 11 | 15 | 20 | 11 | 15 | 20 | 24 | 12 | 13 | 14 | 15 |
| XII | 12 | 14 | 21 | 12 | 14 | 21 | 23 | 13 | 14 | 15 | 16 |
| XIII | 13 | 13 | 22 | 13 | 13 | 22 | 22 | 14 | 15 | 16 | 17 |
| XIV | 14 | 12 | 23 | 14 | 12 | 23 | 21 | 15 | 16 | 17 | 18 |
| XV | 15 | 11 | 24 | 15 | 11 | 24 | 20 | 16 | 17 | 18 | 19 |
| XVI | 16 | 10 | 25 | 16 | 10 | 25 | 19 | 17 | 18 | 19 | 20 |
| XVII | 17 | 9 | 1 | 17 | 9 | 1 | 18 | 18 | 19 | 20 | 21 |
| XVIII | 18 | 8 | 2 | 18 | 8 | 2 | 17 | 19 | 20 | 21 | 22 |
| XIX | 19 | 7 | 3 | 19 | 7 | 3 | 16 | 20 | 21 | 22 | 23 |
| XX | 20 | 6 | 4 | 20 | 6 | 4 | 15 | 21 | 22 | 23 | 24 |
| XXI | 21 | 5 | 5 | 21 | 5 | 5 | 14 | 22 | 23 | 24 | 25 |
| XXII | 22 | 4 | 6 | 22 | 4 | 6 | 13 | 23 | 24 | 25 | 1 |
| XXIII | 23 | 3 | 7 | 23 | 3 | 7 | 12 | 24 | 25 | 1 | 2 |
| XXIV | 24 | 2 | 8 | 24 | 2 | 8 | 11 | 25 | 1 | 2 | 3 |
| XXV | 25 | 1 | 9 | 25 | 1 | 9 | 10 | 1 | 2 | 3 | 4 |

# AMOUREUX

| L | M | N | O | P | Q | R | S | T | U | V | X | Y | Z |
|---|---|---|---|---|---|---|---|---|---|---|---|---|---|
| 6 | 7 | 8 | 9 | 10 | 21 | 22 | 23 | 24 | 25 | 11 | 12 | 13 | 14 |
| 7 | 8 | 9 | 10 | 11 | 22 | 23 | 24 | 25 | 1 | 12 | 3 | 14 | 15 |
| 8 | 9 | 10 | 11 | 12 | 23 | 24 | 25 | 1 | 2 | 13 | 14 | 15 | 16 |
| 9 | 10 | 11 | 12 | 13 | 24 | 25 | 1 | 2 | 3 | 14 | 15 | 16 | 17 |
| 10 | 11 | 12 | 13 | 14 | 25 | 1 | 2 | 3 | 4 | 15 | 16 | 17 | 18 |
| 11 | 12 | 13 | 14 | 15 | 1 | 2 | 3 | 4 | 5 | 16 | 17 | 18 | 19 |
| 12 | 13 | 14 | 15 | 16 | 2 | 3 | 4 | 5 | 6 | 17 | 18 | 19 | 20 |
| 13 | 14 | 15 | 16 | 17 | 3 | 4 | 5 | 6 | 7 | 18 | 19 | 20 | 21 |
| 14 | 15 | 16 | 17 | 18 | 4 | 5 | 6 | 7 | 8 | 19 | 20 | 21 | 22 |
| 15 | 16 | 17 | 18 | 19 | 5 | 6 | 7 | 8 | 9 | 20 | 21 | 22 | 23 |
| 16 | 17 | 18 | 19 | 20 | 6 | 7 | 8 | 9 | 10 | 21 | 22 | 23 | 24 |
| 17 | 18 | 19 | 20 | 21 | 7 | 8 | 9 | 10 | 11 | 22 | 23 | 24 | 25 |
| 18 | 19 | 20 | 21 | 22 | 8 | 9 | 10 | 11 | 12 | 23 | 24 | 25 | 1 |
| 19 | 20 | 21 | 22 | 23 | 9 | 10 | 11 | 12 | 13 | 24 | 25 | 1 | 2 |
| 20 | 21 | 22 | 23 | 24 | 10 | 11 | 12 | 13 | 14 | 25 | 1 | 2 | 3 |
| 21 | 22 | 23 | 24 | 25 | 11 | 12 | 13 | 14 | 15 | 1 | 2 | 3 | 4 |
| 22 | 23 | 24 | 25 | 1 | 12 | 13 | 14 | 15 | 16 | 2 | 3 | 4 | 5 |
| 23 | 24 | 25 | 1 | 2 | 13 | 14 | 15 | 16 | 17 | 3 | 4 | 5 | 6 |
| 24 | 25 | 1 | 2 | 3 | 14 | 15 | 16 | 17 | 18 | 4 | 5 | 6 | 7 |
| 25 | 1 | 2 | 3 | 4 | 15 | 16 | 17 | 18 | 19 | 5 | 6 | 7 | 8 |
| 1 | 2 | 3 | 4 | 5 | 16 | 17 | 18 | 19 | 20 | 6 | 7 | 8 | 9 |
| 2 | 3 | 4 | 5 | 6 | 17 | 18 | 19 | 20 | 21 | 7 | 8 | 9 | 10 |
| 3 | 4 | 5 | 6 | 7 | 18 | 19 | 20 | 21 | 22 | 8 | 9 | 10 | 11 |
| 4 | 5 | 6 | 7 | 8 | 19 | 20 | 21 | 22 | 23 | 9 | 10 | 11 | 12 |
| 5 | 6 | 7 | 8 | 9 | 20 | 21 | 22 | 23 | 24 | 10 | 11 | 12 | 13 |

## ORACLE I.

**A.** Plus que tu ne crois.

**B.** Oui, chérie.

**C.** Ce serait pire qu'avant si tu le revoyais.

**D.** J'en doute.

**E.** Plus que tu ne mérites.

**F.** Ce serait plus raisonnable.

**G.** Certainement.

**H.** Couci couça !...

**I.** L'année prochaine.

**J.** Atrocement.

**K.** Que tu es une veinarde.

**L.** Tu sais bien que oui.

**M.** Petite curieuse, tu le sais bien.

**N.** Que tu es digne d'être aimée.

**O.** Sans t'engager.

**P.** Si tu veux retrouver le bonheur, oui !

**Q.** Pardonne-lui et ce sera fini.

**R.** Il sera court, mais délicieux.

**S.** Je ne le crois pas.

**T.** Etre plus aimable que tu n'es.

**U.** Il le croit par moments.

**V.** Pour t'épouser.

**X.** Celui qui te loue le moins.

**Y.** Sans cela, il ne t'aimerait pas.

**Z.** Plus d'ennuis que de bonheur.

## ORACLE 2.

**A.** Il le croirait davantage si tu voulais.

**B.** En cherchant bien,

**C.** Fais attention à ce que tu écriras.

**D.** Pas toujours.

**E.** En cherchant bien.

**F.** Après tout, cela te regarde !

**G.** Oui, mais pas sincèrement.

**H.** Non, c'est un hypocrite.

**I.** Un peu.

**J.** Dans quelque temps.

**K.** Ma foi, non !

**L.** Que tu es une veinarde.

**M.** Pas encore.

**N.** Beaucoup de belles.

**O.** C'est toujours dangereux.

**P.** Tu en souffrirais trop.

**Q.** Il faut en prendre et en laisser.

**R.** C'est un bien pour toi, console-toi.

**S.** L'espace d'un matin.

**T.** Pas longtemps.

**U.** Supprimer tes mauvaises relations.

**V.** A quoi bon recommencer les scènes ?

**X.** Parce que tu es jolie.

**Y.** Celui qui a le moins d'écus.

**Z.** Moins que tu ne voudrais.

## ORACLE 3.

**A.** Tout mettre en œuvre.

**B.** Non, parce qu'il se moque de toi.

**C.** Que tu es un joujou.

**D.** Etre moins coquette.

**E.** Oh ! oui !...

**F.** Que tu es frivole et coquette.

**G.** Ne pas avoir tant de caprices.

**H.** Pas du tout et il en souffre.

**I.** Consulte la marguerite, elle te répondra.

**J.** Le jour où tu y penseras le moins.

**K.** Non, parce que tu ne te contentes pas de peu.

**L.** Allons donc, il se moque bien de toi !

**M.** Que tu as plus de chance que tu ne vaux.

**N.** Tu fais tout pour qu'elle le soit.

**O.** Penses-tu qu'il va t'en payer ?...

**P.** Que tu n'es pas sérieuse.

**Q.** La fidélité d'un homme est bien aléatoire.

**R.** Méfie-toi !

**S.** Oui, si tu ne pardonnes pas.

**T.** Je l'espère.

**U.** Toute la vie.

**V.** Pourquoi pas ?

**X.** Il n'attend qu'un mot pour revenir.

**Y.** Parce qu'il te croit de vertu facile.

**Z.** Le plus timide.

## ORACLE 4.

**A.** Si tu l'aimes comme il le mérite, oui !
**B.** Que tu es bien capricieuse.
**O.** D'ici peu.
**D.** Peut-être !
**E.** Que tu parles trop.
**F.** Demande-le lui avant tout et crois-le.
**Q.** Non, parce qu'il ne t'aime pas assez.
**H.** Etre plus réservée dans tes paroles.
**I.** Il est hésitant à ce sujet.
**J.** Espère et ne fais rien pour être désillusionnée.
**K.** L'année prochaine.
**L.** Jamais.
**M.** Tu ne voudrais pas.
**N.** Que tu es trop bonne et trop confiante.
**O.** De tout le quartier.
**P.** Beaucoup de bien.
**Q.** Oui, si tes parents consentent.
**R.** Il te fera des cadeaux à chaque infidélité.
**S.** Tout au moins faire semblant d'y croire.
**T.** Moins longtemps que les contributions.
**U.** Si tu ne détruis pas par ta faute.
**V.** Que tu es frivole.
**X.** Non, il ne mérite pas ton amour.
**Y.** Immédiatement.
**Z.** Pour tes défauts autant que pour tes qualités.

## ORACLE 5

**A.** Tant que la confiance réciproque durera.

**B.** Oui, mais on te pardonne.

**C.** Oui.

**D.** Oui, mais tu seras trompée.

**E.** A quoi bon t'illusionner plus longtemps.

**F.** Il ne manquerait plus que cela.

**G.** A la condition que tu sois fidèle.

**H.** Si tu sais l'enjôler, oui !

**I.** Etre plus coquette.

**J.** Confiance absolue.

**K.** Pas sérieusement.

**L.** En amour quelquefois.

**M.** Dans un mari.

**N.** Non, mais il te soupçonne de trahison.

**O.** Que tu es trop orgueilleuse.

**P.** Il en doute, mais il t'aime quand même.

**Q.** Trois.

**R.** Cela dépendra de toi.

**S.** Hélas non !

**T.** Pas longtemps.

**U.** Avant tout rends-le heureux.

**V.** Assez pour être enviée de tes amies.

**X.** Que tu n'es pas assez discrète.

**Y.** Il ne faut jamais signer sa condamnation.

**Z.** Je te le conseille.

## ORACLE 6.

**A.** Laisse-le bouder, il en souffre plus que toi.

**B.** Tu es trop poseuse.

**C.** Que tu n'es pas toujours aimable.

**D.** Oui, parce que c'est un égoïste.

**E.** Tu es trop curieuse, tu le sais bien.

**F.** Que tu n'as que l'amour en tête.

**G.** Un nuage passe vite.

**H.** Longtemps.

**I.** Sois moins exigeante et tu t'en trouveras bien.

**J.** Soigner mieux ta toilette.

**K.** Lui ! il s'en fiche !..

**L.** A la folie.

**M.** Au jeu plus qu'en amour.

**N.** Ton idéal sera brun.

**O.** Ni jaloux, ni amoureux.

**P.** A quoi bon le savoir, tu n'en serais pas flattée.

**Q.** La nuit de tes noces.

**R.** Mystère !..

**S.** Il est si confiant !..

**T.** Qu'importe s'il ne te laisse manquer de rien.

**U.** Pas plus que ça.

**V.** Crois-tu donc que tout ne se sait pas ?...

**X.** Celles que tu feras toi-même.

**Y.** Que tu es la meilleure et la plus jolie.

**Z.** Oui, si tu crois qu'il t'épousera.

## ORACLE 7.

**A.** Attention aux conséquences, réfléchis !...
**B.** Il t'aime comme tu es.
**O.** Fidèle comme un chien, jaloux comme un tigre.
**D.** Tu ne t'en repentiras pas.
**E.** Nulle ne l'a charmé comme toi !
**F.** Pourvu que tu ne lui refuses rien, il ferme les yeux.
**Q.** Tu t'en repentiras plus tard.
**H.** Non.
**I.** En le façonnant à ta guise.
**J.** Si tu le sais diriger, oui !
**K.** Ne pas être égoïste.
**L.** Oui, mais il a peur de tes caprices.
**M.** Pour la rigolade.
**N.** Avec le chiffre 7.
**O.** Oui, mais tu seras trompée.
**P.** Non, mais prends garde !
**Q.** Une surtout qui lui en a fait voir de dures.
**R.** L'heure du berger.
**S.** Oui, et ils seront ta consolation.
**T.** Si tu as des écus, oui.
**U.** Autant que toi.
**V.** Que tes sens dominent ton cœur.
**X.** Tu fais tout pour qu'elle le soit.
**Y.** Pas souvent
**Z.** Que tu manques de sincérité.

## ORACLE 8.

**A.** Jusqu'à la première occasion.

**B.** On a toujours le temps de faire une bêtise.

**O.** Dans ton mari!

**D.** Autant qu'un homme peut l'être quand il aime.

**E.** Ne te laisse pas aller à ton premier mouvement, attends.

**F.** Jamais complet.

**Q.** Pourquoi pas ?

**H.** Non, il ment.

**I.** Laisse-la durer, la réconciliation sera meilleure.

**J.** Tu en es la dispensatrice.

**K.** Oui, si tu y mets du tien.

**L.** Ne pas tant lui dire que tu l'aimes, mais le lui prouver.

**M.** Parbleu, il ne voit pas tes défauts.

**N.** Pas par celui que tu crois.

**O.** Beaucoup.

**P.** C'est plus difficile que tu crois.

**Q.** De nombreux ennuis.

**R.** Oui, mais pas pour le bon motif.

**S.** La réconciliation après la première brouille.

**T.** Tant mieux si tu en as de bonne heure.

**U.** Pose-lui toi-même la question, sans tarder.

**V.** A quoi bon, il sait qu'il perdrait son temps.

**X.** Que tu feras une excellente mère de famille.

**Y.** Oui, mais ne t'en prends qu'à toi-même.

**Z.** N'attends pas qu'il te les offre.

## ORACLE 9

**A.** Si tu as un belle dot, oui.

**B.** Non.

**O.** Aide-toi le ciel t'aidera.

**D.** Cela ne dépendra que de toi.

**E.** Demande avis à ta mère.

**F.** A la loterie, l'année prochaine.

**G.** Il aimerait mieux que tu n'en parles pas.

**H.** Oui, lui !... mais toi ?...

**I.** Ça dépend des jours !

**J.** Querelle d'amoureux n'est pas sérieuse.

**K.** Je te le souhaite, mais ne te le prédis pas.

**L.** Oui, mais sois prudente.

**M.** Etre plus amoureuse.

**N.** Il en doute parfois, mais c'est de ta faute.

**O.** Uniquement pour tes beaux yeux.

**P.** Aux cartes.

**Q.** Il est si confiant !

**R.** Une querelle avec ta famille.

**S.** Il n'avait pas eu l'occasion.

**T.** Le bouquet des fiançailles.

**U.** Oui, et tu les gâteras trop.

**V.** Si tu sais t'y prendre.

**X.** Il ne lui manquerait plus que cela.

**Y.** Elles te croient vertueuse.

**Z.** Non, mais cache-la bien.

## ORACLE 10

**A.** Deux jumeaux.

**B.** Il se le demande aussi et ne sait quoi répondre.

**C.** Pas du tout, je te plains.

**D.** Ils te consoleront des infidélités de ton mari.

**E.** Parce qu'il t'aime, tout simplement.

**F.** Sincèrement.

**G.** Oui, car il t'aime beaucoup.

**H.** Si tu sais l'y contraindre, oui.

**I.** Oui, à condition de fermer les yeux sur ses travers.

**J.** Ne te contente pas de promesses, oblige-le à les tenir.

**K.** Ne t'en plains pas, ce sera meilleur après.

**L.** Pourvu que tu ne le détruises pas.

**M.** Crois-le et tu seras heureuse.

**N.** Ce que tu voudras, c'est peine perdue.

**O.** Il le dit du moins.

**P.** Corrige-toi de tes défauts et tu le seras.

**Q.** Le fils à papa.

**R.** Il t'aime, il croit tout ce que tu lui dis.

**S.** Le contraire de ce que tu désires.

**T.** Deux ou trois amourettes sans conséquence.

**U.** Le premier baiser.

**V.** En ménage, oui.

**X.** Dans le mariage.

**Y.** A rendre des points à Othello !

**Z.** Que tu dois aimer l'amour.

## ORACLE 11

**A.** La naissance de ton premier enfant.

**B.** Celui qui aime le mieux sa mère.

**O.** S'il ne le croyait pas, il n'insisterait pas.

**D.** Celle que tu n'attends pas.

**E.** Le plus grand.

**F.** Oui, mais pas pour longtemps.

**Q.** Cherche bien.

**H.** Tu es trop maternelle pour ne pas en avoir.

**I.** Compte dessus et bois de l'eau.

**J.** S'il te dit qu'il l'est, c'est qu'il te trompe.

**K.** Il se moque de toi, envoie-le promener.

**L.** Ce que tu la feras durer.

**M.** Oui, si tu sais le dominer.

**N.** A condition de ne pas lui reprocher ses infidélités.

**O.** Rester sage.

**P.** Es-tu sûre toi-même de l'aimer.

**Q.** Parce qu'il croit en toi.

**R.** L'employé de commerce.

**S.** Ne demande donc pas l'impossible

**T.** La mésestime de toi-même.

**U.** Oui et il en aimera encore d'autres après toi.

**V.** Comme tu le désires.

**X.** Dans ta prochaine entreprise, oui.

**Y.** Bientôt.

**Z.** Si tu lui es fidèle, il ne le fera pas voir.

## ORACLE 12

A. Tu es son premier amour.

B. Il t'aime trop pour te soupçonner.

C. Ne pas avoir tant de sautes d'humeur.

D. Comme il t'aime, pour passer le temps.

E. Il n'en est pas certain, mais il ne cherche pas à savoir.

F. Soigner tes mains et ne pas te farder.

G. Juste assez pour que tu te méfies.

H. Le jour de ton mariage.

I. Deux garçons et une fille.

J. Oui, car il ne saurait se passer de toi.

K. Qu'importe du moment qu'il te rendra heureuse.

L. Les beaux parleurs sont toujours dangereux.

M. L'avenir te l'apprendra.

N. Il durera tant que tu aimeras.

O. Le bonheur comme les ronces a ses épines.

P. Sois aimante d'abord et prouve-le lui.

Q. Non, mais tiens bon, il sera plus gentil par la suite.

R. Parce qu'il pense que tu ne te moques pas de lui.

S. Celui qui parle peu.

T. Il en doute, mais il t'aime quand même.

U. De grands chagrins.

V. C'est parce qu'il ne le croit pas qu'il t'est fidèle.

X. Pas follement, mais sûrement.

Y. Au jeu plus qu'en amour.

Z. Dans tes enfants.

## ORACLE 13.

**A.** Un tas de potins.

**B.** La perte de tes illusions et de ton bonheur.

**O.** Plus que tu ne penses.

**D.** Une mauvaise action.

**E.** Un mariage manqué.

**F.** Ma petite, on a le bonheur que l'on se crée.

**Q.** Que tu agis trop par coups de tête.

**H.** N'en sois pas jalouse, puisqu'il t'adore.

**I.** Le jour où tu seras Madame.

**J.** Oui, et tant mieux pour toi.

**K.** Pauvre petite, il te trahia !...

**L.** Non, mais chaque fois, il te reviendra meilleur.

**M.** Si tu ne veux pas te marier, cela te regarde.

**N.** Ferme les yeux et pardonne-lui.

**O.** Un feu de paille.

**P.** Oui, mais tant pis pour toi !

**Q.** Crois-tu que ce soit digne ?... Non.

**R.** A ta guise.

**S.** Parce qu'il suppose que tu es une grande travailleuse.

**T.** Celui qui te courtise pour le bon motif.

**U.** Sans cela il ne te rechercherait pas.

**V.** L'aimer simplement.

**X.** Ça lui est égal pourvu que tu lui cèdes.

**Y.** Oui, mais prends garde !

**Z.** Si tu te mêles du chiffre 13.

## ORACLE 14.

**A.** Il sait bien que tu agis par coquetterie.

**B.** Sûrement, il est volage.

**C.** Ce sera difficile.

**D.** Je ne pense pas.

**E.** Il a aimé, aime et aimera.

**F.** Oui, si tu es très coquette et très passionnée.

**G.** Il ne te ferait pas l'injure d'en douter.

**H.** Plus de perte que de profit.

**I.** Sans emballement.

**J.** Le retour de l'infidèle.

**K.** Tant que tu voudras, tu les adores.

**L.** Tu as donc envie que l'on se moque de toi.

**M.** Cela dépend de ta fidélité.

**N.** Pas toujours.

**O.** Mais oui, il n'y a que ceux qui n'aiment pas qui ne se fâchent pas.

**P.** C'est l'inconnu.

**Q.** Tu as de la chance qu'il ne sache rien.

**R.** Ce serait pire qu'avant si tu lui dis que tu pardonnes.

**S.** Ne le revois que pour passer devant M. le Maire.

**T.** Parce qu'il n'a pas trouvé mieux.

**U.** L'homme du monde si tu ne tiens pas à te marier.

**V.** Sans doute tant qu'il t'aimera.

**X.** L'amour.

**Y.** Plus que tu ne l'aimes, certainement.

**Z.** Comme tu le désires.

## ORACLE 15.

**A.** Le plus jeune.

**B.** Une surprise à 45 ans.

**C.** Pas un brin.

**D.** Celui qui ne fume pas.

**E.** De divorcer.

**F.** Oui et tant mieux pour toi.

**G.** A quoi bon le savoir, cela te contrarierait.

**H.** Il ne le pense pas.

**I.** D'amers et de cuisants regrets.

**J.** Tu ne le prends pas pour un saint, alors ?...

**K.** Quand ton premier né dira Maman !

**L.** Ne te presse pas, mais aies-en au moins 2.

**M.** Il n'y tient guère, mais tu peux l'y obliger.

**N.** Il vaudrait peut-être mieux pour toi qu'il ne le soit pas.

**O.** Mais oui, ne t'inquiète pas

**P.** Tu as tort, c'est à toi de revenir.

**Q.** Quand tu seras mariée.

**R.** C'est son secret.

**S.** Ta lettre ne servirait à rien.

**T.** Assurément.

**U.** Parce que tu es bonne fille.

**V.** Sois positive, ne t'illusionne pas.

**X.** Prends garde, tu ne l'aimes pas comme il voudrait.

**Y.** Ne pas batifoler comme tu le fais.

**Z.** Tu le sauras bientôt.

## ORACLE 10

**A.** Pour ton sourire.

**B.** Un qui sera célèbre.

**O.** Ne t'emballe pas, etudie-le d'abord.

**D.** Pour ta grâce et ton élégance.

**E.** Ils te feront oublier bien des peines.

**F.** Non, méfie-toi de ton cœur.

**G.** Que tu ne lui est pas fidèle.

**H.** Le blond.

**I.** Parce qu'il te juge à sa valeur.

**J.** Va, tu es assez forte pour ne pas succomber à la tentation.

**K.** Une femme mariée.

**L.** L'heure du berger.

**M.** Au moins trois.

**N.** Il ne veut pas entendre parler de cette question.

**O.** En apparence, mais en réalité, oh ! non !..

**P.** Non et surveille-le.

**Q.** Oui, si tu continues à bavarder.

**R.** De fort belles.

**S.** Que tu es une grande nerveuse, sentimentale.

**T.** Non et sois moins confiante.

**U.** Si tu ne tiens pas à te marier, continue.

**V.** Tu as tort d'être si querelleuse.

**X** Contente-toi de ce que tu as et ne cherche pas plus loin.

**Y.** Tout ne dépend que de toi.

**Z.** Etre amoureuse.

## ORACLE 17.

**A.** Le plus tôt possible.

**B.** Oh !...

**O.** Oui, mais ennuyeux et tatillon.

**D.** Ce serait plus prudent.

**E.** Je voudrais te dire oui, mais ! mais !...

**F.** Si tu sais lui rendre la maison agréable, oui.

**Q.** N'écris jamais, c'est dangereux.

**H.** Parce que tu n'est pas sans attraits, au contraire.

**I.** Celui qui ne se vante pas de ses talents.

**J.** Il ne regarde pas à cela, il t'aime comme tu es.

**K.** Que ton mariage ne se fera pas.

**L.** Le contraire m'étonnerait et toi aussi.

**M.** De recevoir sa demande en mariage.

**N.** Moins que toi mai n'en désirerait.

**O.** Ne demande pas l'impossible.

**P.** Non, mais tu ne t'en apercevras pas.

**Q.** Qu'elles voudraient bien être à ta place.

**R.** Pas encore.

**S.** Oui, si tu sais te les faire offrir au bon moment.

**T.** Que tu ne sais pas aimer.

**U.** Laisse-le donc bouder, il écrira quand il s'ennuiera.

**V.** Oui, mais la bague au doigt.

**X.** Je le crains.

**Y.** L'espace d'un matin !...

**Z.** Plus que tu ne penses.

## ORACLE 18.

A. Ce serait une bêtise.

B. Oui, quand tu seras mère.

C. Oui, si tu restes sage.

D. Avec le consentement de tes parents.

E. Ne t'illusionne pas, tu en souffrirais.

F. Si tu es sage, fidèle et aimante, oui.

G. Que tu es bien dépensière.

H. Pendant quelques jours.

I. Par désœuvrement.

J. Le plus aimable.

K. Il croit ce que tu lui dis.

L. Tu es trop curieuse, tu le sais bien.

M. Une ou deux passionnettes.

N. Ton premier bal.

O. Deux.

P. Pourquoi pas ?

Q. Il a raison.

R. Quand tu seras mariée, elles t'envieront.

S. Oui, parce que tu n'es pas sérieuse.

T. Pas souvent.

U. Que tu ne sais pas t'y prendre.

V. Pardonne-lui, il est beau garçon !...

X. Je le crois.

Y. Tant que ça te plaira.

Z. En y mettant beaucoup de bonne volonté.

## ORACLE 18.

**A.** Que tu le crois, même quand il ment.

**B.** Tu aurais bien tort.

**O.** Pas du sexe que tu désires.

**D.** Beaucoup de bien.

**E.** Ne sois pas naïve à ce point.

**F.** Tu aimes beaucoup ton mari, alors ?...

**G.** C'est pour ton charme doux et discret.

**H.** En as-tu donc tant besoin ?

**I.** Oui, parce qu'il se moque de toi.

**J.** Il n'en sait rien lui-même.

**K.** Celui qui ne te fais pas de vains compliments.

**L.** Il a tort.

**M.** Que tu seras montrée au doigt.

**N.** Oui, mais pas avec la même tendresse.

**O.** La rupture.

**P.** De beaux et d'aimables, plains-toi !...

**Q.** Tu serais la seule à qui cela arrive.

**R.** A en être fou.

**S.** Que tu as plus de chance qu'elles.

**T.** Est-ce que tout ne se sait pas !...

**U.** Arrange-toi pour les gagner.

**V.** Il en meurt d'envie.

**X.** Demande-lui la lune plutôt que cela.

**Y.** Pour être heureuse, il faut tout croire.

**Z.** Après la pluie, le beau temps.

## ORACLE 20.

**A.** Oui, mais elles te coûteront cher.

**B.** Non, mais à l'avenir sois plus réservée.

**O.** Le divorce.

**D.** Oui, car tu es la belle des belles.

**E.** Puisque cela t'ennuie, pourquoi te fâches-tu ?...

**F.** De dire oui à M. le Maire.

**Q.** Le petit timide.

**H.** Que tu as besoin d'être surveillée.

**I.** Attends un peu.

**J.** Si tu tiens à ta réputation, oui.

**K.** Pour tes qualités de femme d'intérieur.

**L.** Un homme sérieux qui sache te guider.

**M.** Pas pour un sou.

**N.** Un enfant.

**O.** Il s'est battu pour une pécore.

**P.** Le jour où tu seras mère.

**Q.** En ménage.

**R.** Jamais parfait.

**S.** Que demandes-tu là ?... Tu le rends fou !

**T.** Que tu es digne de ton sort.

**U.** Pourquoi l'as-tu commise ?

**V.** Assez pour t'occuper et te rendre fidèle.

**X.** Tiens bon et il y arrivera.

**Y.** Il vaudrait mieux pour toi qu'il ne le soit pas.

**Z.** Ce serait ne pas connaître le cœur d'un homme

## ORACLE 21.

**A.** Il est le premier à la raconter.
**B.** Si tu es sage, oui.
**C.** Comme toi, non.
**D.** Tu peux encore éviter le scandale.
**E.** Oui, mais pas longtemps.
**F.** Et il les a rendues malheureuses.
**G.** Trop pour lui.
**H.** Au prix de ta vertu.
**I.** Que tu es l'amie rêvée.
**J.** Ce serait avouer que tu as tort.
**K.** Il est si malheureux que tu dois avoir pitié.
**L.** Parce que tu le mènes par le bout du nez.
**M.** Un beau garçon qui va t'écrire.
**N.** Tant que tu ne lui auras pas cédé, oui !
**O.** Le contraire de ce que tu penses.
**P.** Dame, il est si volage.
**Q.** Pas pour le bon motif.
**R.** Dans quelque temps, en amour.
**S.** Plus tôt que tu ne crois.
**T.** On n'est jaloux que de ce que l'on aime.
**U.** Que tu es née sous une bonne étoile.
**V.** Le moment où : Enfin, seuls !...
**X.** Tout de suite.
**Y.** Oui, et tu le regretteras.
**Z.** Comme un chien.

## ORACLE 22.

**A.** Elles envient ton bonheur.

**B.** Comme au paradis.

**C.** Si tu sais t'y prendre, tu obtiendras ce que tu veux.

**D.** Que tu as le bonheur que tu mérites.

**E.** Tu le peux si tu veux.

**F.** Un changement complet dans ta situation.

**G.** Une grande joie.

**H.** Non, mais prends tes précautions.

**I.** Oui, si tu sais t'y prendre.

**J.** Que tu es une délicieuse petite poupée.

**K.** Réfléchis bien et pèse tes mots.

**L.** Oui, si tu veux la paix.

**M.** Pour ta candeur.

**N.** Celui que ton cœur te désigne.

**O.** Agis comme si tu l'étais, il n'y verra que du feu.

**P.** Une désillusion pour tous les deux.

**Q.** Il le croit parce qu'il est pincé.

**R.** Par deux qui n'ont pas les mêmes intentions, attention !

**S.** A partir de l'an prochain.

**T.** Cherche bien, il est près de toi.

**U.** Lui, jaloux !... il ne t'aime pas assez pour cela.

**V.** Treize à la douzaine.

**X.** Le premier baiser.

**Y.** Est-ce que tu te maries pour enfiler des perles ?

**Z.** Ça dépend comment tu l'entends.

## ORACLE 23.

**A.** Tu lui en donnes le motif.

**B.** L'aimer comme il t'aime.

**C.** Sa confiance en toi est aveugle.

**D.** Oui, et je te plains.

**E.** Etre toujours prête.

**F.** Tout à son gré.

**G.** Des amourettes.

**H.** Que tu as des qualités qui font oublier tes défauts.

**I.** Non, mais méfie-toi des voisins.

**J.** Fais-les toi offrir.

**K.** Que tu lui coûtes cher.

**L.** Si tu veux être entièrement compromise.

**M.** Oui, si tu ne l'aimes plus.

**N.** Pour passer son temps.

**O.** Le plus digne de toi.

**P.** A rendre des points à une rosière.

**Q.** L'amour.

**R.** Oui, pour sa galette.

**S.** Comme tu le mérites.

**T.** Ça dépend des jours.

**U.** Le jour où t'y attendras le moins.

**V.** Un retard dans tes affaires.

**X.** Oui, mais elles l'ont trompé.

**Y.** D'être mère.

**Z.** Un dans un an.

## ORACLE 24.

**A.** Dans le courant du mois prochain.
**B.** Quand il est là.
**O.** Le moins fat de ceux qui te courtisent.
**D.** Il passe tous les jours devant ta porte.
**E.** Par moments.
**F.** Celui qui t'offre son nom.
**Q.** Le premier rendez-vous.
**H.** Il en est stupide.
**I.** Que tu es novice en amour.
**J.** Oui, et l'on te plaint.
**K.** Quand tu auras trouvé le bonheur.
**L.** Que tu es plus coquette qu'amoureuse.
**M.** Prends garde à ne pas trop t'engager.
**N.** Mais non, tu serais trop seule.
**O.** Pour tes petits talents cachés.
**P.** 'Celui qui te prend sans dot.
**Q.** Oui si tu fais ce qu'il veut.
**R.** Beaucoup de coquetterie.
**S.** Sincèrement.
**T.** Pas comme il le faudrait.
**U.** Le jour où tu te marieras.
**V.** 'Tu ne voudrais pas.
**X.** Un faux pas.
**Y.** Non, c'est un timide.
**Z.** De t'installer dans un petit nid discret

## ORAOLE 25.

**A.** Oui, en ménage.

**B.** Pour toi-même.

**C.** Parce que tu es son idéal.

**D.** Plus tard, quand tu seras maman.

**E.** A la folie.

**F.** Pour ton charme et ta naïveté.

**G.** Trois beaux garçons.

**H.** Dans quelques mois.

**I.** Plus qu'il n'est amoureux.

**J.** Que tu as une chance inouïe.

**K.** Non, mais il y a des potins.

**L.** Ne désespère pas, on t'en offrira plus tard.

**M.** Que tu es délicieusement jolie.

**N.** Inutile, tu as une lettre en route.

**O.** Oui, car il n'est pas sérieux.

**P.** Parce que tu le trompes.

**Q.** Moins qu'un rêve.

**R.** Avec des alternatives de soleil et de pluie.

**S.** Lui céder, deux fois sur trois.

**T.** Quand il est près de toi.

**U.** Pour la vie.

**V.** Celui qui ne se gobe pas.

**X.** Il s'en moque, il ne t'aime pas pour le bon motif.

**Y.** Que tu n'auras plus d'illusions.

**Z.** Une seule qu'il regrette encore.

# ORACLE PAR LES CARTES

# A L'USAGE DES DEUX SEXES

## ORACLE DES CARTES

### Manière de consulter l'Oracle !

Ouvrez le livre aux pages 62-63, fermez les yeux et posez le doigt sur le tableau magique.

Vous trouverez la réponse, selon votre sexe, à la couleur (cœur — trèfle — pique ou carreau) au numéro qui correspond à celui qui est inscrit sur le tableau, soit en chiffres romains soit en chiffres arabes.

Il ne s'agit plus ici de poser une question, c'est la carte que vous avez tirée qui vous donne un bon conseil comme vous le donnerait une carte au jeu ordinaire. Basé sur les principes de l'art de tirer les cartes, la réponse de notre oracle n'est évidemment pas aussi complète, aussi formelle, aussi certaine que le serait celle que donnerait la cartomancie.

Nous avons indiqué dans une Brochure spéciale :
« Comment se tirer les cartes soi-même » (1)

Nous n'avons pas voulu faire ici double emploi, mais présenter surtout un amusement aux familles et qui plus est, un amusement scientifiquement composé.

_____

(1) A la même librairie prix 1 franc, nouvelle édition 1918, suivie d'un traité de chiromancie. — Nombreuses réussites.

| | | | | |
|---|---|---|---|---|
| ♦ 1 | ♠ IV | ♥ X | ♣ 1 | ♦ II |
| ♣ 3 | ♦ IV | ♠ 3 | ♥ 7 | ♣ IV |
| ♥ VI | ♣ VI | ♦ 7 | ♠ II | ♥ 5 |
| ♠ IX | ♥ 1 | ♣ 9 | ♦ 9 | ♠ 1 |
| ♦ I | ♠ 9 | ♥ 10 | ♣ I | ♦ 2 |
| ♣ III | ♦ 4 | ♠ X | ♥ VIII | ♣ 4 |
| ♥ 8 | ♣ 6 | ♦ VII | ♠ 1 | ♥ V |
| ♠ 1 | ♥ III | ♣ IX | ♦ 8 | ♠ 6 |

5 9 II 3 8
5 VI VIII 5 VI
7 VIII 7 IV VIII
II X X VIII 3
2 IX 2 III 9
V III 8 V 6
III 8 4 4 8
2 10 X V I

## CHIFFRES ARABES

### Réponses pour dames et demoiselles

1. Avant peu, à moins que tu ne l'aies reçu déjà, une lettre d'amour va t'arriver et tu en seras charmée.

2. S'il est blond, c'est un ami loyal et dévoué, s'il est brun, il est sérieux mais égoïste, s'il est châtain, il fait passer la question galette avant tout, s'il est roux, il est vaniteux. S'il a trop de cheveux c'est qu'il est coléreux, s'il a les cheveux sur le front, c'est qu'il est timide. Le blond est plus spirituel, le brun plus passionné, le châtain, plus juste, le roux plus fort en parole qu'en action.

3. Une femme aimante et charmante à tous les points de vue comme tu l'es, je n'en doute pas, ne peut inspirer à celui qui l'aime que des sentiments de fidélité.

4. Ton fiancé est jovial, un peu farceur, mais tu sauras tempérer ce petit défaut lorsqu'il sera ton ma-

ri. Il sera toujours de bonne humeur et il ne fera jamais de mauvaises farces à la femme qu'il adorera.

5. Bonne nouvelle en route. Tu vas être enfin ré-
compensée de ta patience. Sois indulgente. Il vaut
mieux tard que jamais, d'ailleurs tout vient à point
à qui sait attendre.

6. Tu vas apprendre un mariage qui te fera plaisir
Depuis bien longtemps on en parle, mais c'est un
peu là faute de ton entourage et de toi si ce grand
événement ne s'est pas plutôt réalisé. Trop confiante
en tes amis qui bavardent, tu dévoiles tes secrets
sans te douter qu'on en profite pour se moquer de
toi.

7. Tu as eu une jeunesse parfois attristée, mais tu
trouveras dans le mariage la sécurité, la tranquillité
et le parfait bonheur.

8. Ton idéal est sur le point de se réaliser. Si tu
penses sagement que le bonheur ici-bas n'est point
parfait, si tu sais te contenter de ce que l'on t'offre, tu seras heureuse.

9. Une nouvelle inattendue va t'apporter une grande joie. C'est plus qu'un succès pour toi, c'est un
triomphe.

10. Satisfaction complète après l'attente. Savoir
attendre dans la vie, c'est souvent la source du
bonheur. L'impatience est mauvaise conseillère

## CHIFFRES ROMAINS

### Réponses pour dames et demoiselles

I. Tu recevras une invitation à dîner prochainement de la part d'un de tes bons amis. Fais attention
à rester raisonnable et à ne pas te laisser griser,
car ce serait dangereux pour toi.

II. Celui auquel tu penses est arrêté en ce moment
dans ses bonnes intentions par un de tes anciens adorateurs qui cherche à le détourner de toi. Tu feras
bien de veiller à ce que ton ami n'écoute pas ce que
l'on dit.

III. Tu es bonne et affectueuse mais tu es trop confiante, il vaudrait mieux que tu ne sois pas si aimable avec tout le monde. Tu te fais du tort, en racon-
tant tes affaires. Surtout, méfie-toi d'une blonde.

IV. C'est un amant jaloux que tu n'aimes pas, qui
est en ce moment la cause de tes ennuis.

V. Bonne nouvelle retardée. Tu pensais que le
jeune homme qui t'a fait de si gentilles promesses
allait immédiatement se déclarer. Il hésite, car c'est
à toi de savoir ce que tu as à faire. Si tu es mariée,
c'est une surprise que ton mari voulait te faire mais

qu'il remet à plus tard parce que, pour le moment, il est jaloux !...

**VI.** Mariage retardé mais non manqué. Toutefois, il est bon de te tenir sur tes gardes. Si tu es mariée, la carte que tu as tirée indique une brouille passagè·re et sans conséquence.

**VII.** Tu n'as pas de chance, au moment où tu crois que tu vas pouvoir jouir de la tranquillité que tu désires, il surgit toujours un obstacle qui t'ap·porte des tracas et des ennuis.

**VIII.** Tu auras, si tu es mariée, beaucoup de sa·tisfaction de la part de tes enfants, si tu es célibatai·re, attends-toi à ne plus l'être dans un délai très prochain.

**IX.** Je te promets une réconciliation, les nœuds de l'amitié entre toi et une personne que l'on voudrait brouiller se resserreront comme de plus belle.

**X.** La surprise agréable sera pour plus tard. Il ne faut pas pour cela désespérer. Ton cœur s'émeut vi·te. Il voudrait avoir aussitôt qu'il a désiré. C'est un tort, mais tu es jeune et l'expérience viendra avec les années.

## CHIFFRES ARABES

### Réponses pour le sexe masculin.

**1.** Tu as tout ce qu'il faut pour réussir, tu as même un fort puissant protecteur qui s'occupe de toi.

**2.** Tu es aimé par une femme blonde, de tempérament très passionné et qui se demande comment il se fait que tu ne t'en aperçois pas.

**3.** Un militaire cherche à entrer dans ta famille, c'est un brave garçon franc et loyal que tu peux accueillir à bras ouverts, sans aucune arrière-pensée. Quant à toi, parle un peu moins et agis un peu plus.

**4.** N'épouse pas avant d'avoir pris des renseignements. Si tu es marié, garde ton bonheur et ne vas pas t'exposer à le perdre en courant après des jupons comme tu le fais.

**5.** Patience et longueur de temps font plus que force ni que rage. Mon cher ami, tu t'emballes trop. Tout le monde a besoin de conseils. Prendre les choses comme elles sont et les employer comme les circonstances le permettent, c'est, a dit un philosophe, la sagesse pratique de la vie.

**6.** Tâche de savoir perdre deux sous pour en gagner dix. Va moins au cabaret, mets l'argent des

apéritifs à la caisse d'épargne et tu auras du bon
heur pour tes vieux jours.

7. Bonheur parfait en ménage, c'est-à-dire le bien-
'être, bonheur matériel, la félicité, contentement de
l'âme par l'amour de ta femme et de tes enfants et
plus tard la prospérité dans tes affaires !...

8. Beaucoup de satisfactions de la part des enfants
si tu es marié. Si tu ne l'es pas, réjouis-toi, car tu
feras la conquête d'une jeune fille blonde et jolie qui
te rendra heureux.

9. Tu t'es fâché avec de bons amis pour des futili-
tés, je te conseille de te réconcilier. L'amitié, c'est
une chose sainte. Les méchants ne sont pas amis,
ils sont complices. Médite ce proverbe : Ne laissez
jamais croître l'herbe sur le chemin de l'amitié.

10. Joie, triomphe inattendu, cependant souviens-
toi que à vaincre sans péril, on triomphe sans gloire.

## CHIFFRES ROMAINS

### Réponses pour le sexe masculin.

**I.** Tu recevras une invitation à dîner. Tu auras soin de ne pas te griser parce que la personne que tu aimes en serait très contrariée.

**II.** Un homme de bien cherche à te rendre service, mais il est arrêté dans ses bonnes intentions par des gens qui te desservent auprès de lui.

**III.** Beau militaire n'a pas besoin de réclame auprès des belles, il n'a qu'à se présenter.

**IV.** Ne sois pas si prétentieux et ne cherche pas à t'élever au-dessus de ta condition. L'ambition, mon ami, dénature le cœur et conduit souvent à la folie.

**V.** L'heure n'est pas encore sonnée où tu peux parler sans crainte, il faut en ce bas monde aider le destin, mais il ne faut pas vouloir lui forcer la main.

**VI.** Il y a de la brouille dans tes amours, c'est de ta faute d'ailleurs et tu peux sans honte reconnaître tes torts.

**VII.** Tu n'as pas besoin de chercher ailleurs que chez toi des plaisirs et des distractions. Tu n'as qu'à être aimable avec ta femme, tu seras d'abord plus choyé et ça te coûtera bien moins cher.

**VIII.** Abandon, indifférence. Il ne faut pas pour cela manquer de courage. Il faut réagir, que veux-tu, la vie est faite de surprises et toutes ne sont pas agréables, mais celui qui a de la volonté sait conjurer les pires choses.

**IX.** Petit chagrin que tu surmonteras très facilement. Rappelle-toi qu'il n'y a pas de roses sans épines. Je sais bien que l'attente est longue à ceux qui aiment. Que veux-tu ?... s'il n'y avait pas un peu de souffrance on connaîtrait moins le bonheur.

**X.** Tu attendais un mot et tu n'as rien reçu, console-toi ce n'est qu'un retard et non pas un oubli.

## CHIFFRES ARABES

### Réponses pour dames et demoiselles

**1.** Pourquoi tant d'impatience, on ne t'oublie pas, tu as en ce moment une lettre en chemin. Ta réputation est le fruit de tes talents et de ton savoir. Elle attire les regards. N'oublie pas cependant que la considération vaut mieux que la renommée.

**2.** Il y a un militaire qui n'est pas du tout content de ton attitude à son égard. Crains qu'il ne te le reproche et surtout qu'il en profite pour t'attirer des désagréments. Tu connais la chanson pourtant :

« L'amour est un petit gamin
Très malin
Qui ne veut pas qu'on l'embête. »

**3.** Une femme dont la conduite laisse à désirer sous tous les rapports te veut beaucoup de mal. Aussi, pourquoi ne choisis-tu pas mieux tes amitiés.

**4.** Un poilu qui revient du front va t'apporter une nouvelle qui te comblera de joie. C'est le repos et la sécurité pour l'avenir.

**5.** Un soldat qui t'aime beaucoup se fait en ce moment ton défenseur contre une rivale. Grâce à lui ton bonheur n'est plus en concurrence.

**6.** Rupture en perspective, après tout, cela vaut

mieux pour toi et si tu en souffres quelque peu, du moins tu reprendras ta liberté, ce qui est un pallia-tif à tes déceptions.

**7.** Bien faire et laisser dire. Surtout ne laisse pas envahir ton cœur par le doute. Les gens qui aiment ne doivent douter de rien.

**8.** Un ami sincère te défend contre les vilains ba-vardages. N'est-ce pas un peu ta faute. Il faut tour-ner sept fois ta langue dans la bouche avant de par-ler.

**9.** Il y a des retards, des ennuis, des soupçons, bref pour l'instant, des chagrins d'amour. Que veux-tu ?...

« L'amour est un tyran qui n'épargne personne ! »

**10.** Prépare tes affaires et boucle tes malles, car tu vas partir prochainement en voyage. Mais on re-vient toujours à ses premières amours

## CHIFFRES ROMAINS

### Réponses pour dames et demoiselles

**I.** C'est écrit !... Quoi que tu fasses, tu te brouille-ras avant peu avec ton ami ; c'est peut-être déjà fait à l'heure qu'il est.

**II.** Ne parle pas tant, ne te confie pas à Pierre et à Paul, sans savoir à qui tu t'adresses, tes bavarda-ges te nuisent.

**III.** Tu vas recevoir une lettre et ce qu'elle con-tient t'apportera plutôt des ennuis que de la joie. Sois forte, ne te laisse pas abattre, reprends de l'énergie. L'amour et la pauvreté font ensemble mau-vais ménage. Mieux vaut la liberté !

**IV.** Fâcherie mais sans conséquence autre que le plaisir de se raccommoder, ce qui n'est pas toujours désagréable.

**V.** Mauvaise nouvelle. Console-toi. Le serment de ne plus aimer est presque aussi peu raisonnable que celui d'aimer toujours.

**VI.** Inquiétudes. Allons donc !... Quand on n'a pas ce que l'on aime, il faut aimer ce que l'on a.

**VII.** Une amie jalouse a profité d'une confidence que tu lui as faite pour jeter des pierres dans ton

jardin et se faire bien valoir en ton lieu et place. Ceci devrait te servir de leçon pour l'avenir.

**VIII.** Brouille avec des amis. Il faut rester très réservée à l'avenir. Le vrai moyen de réussir est de ne
mettre personne au courant de ses affaires. On peut
être réservée sans être hyppocrite et la franchise ne
consiste pas à bavarder à propos de tout.

**IX.** Tu as du chagrin, mais un bon ami va inter-
céder en ta faveur et ton vœu sera exaucé.

**X.** Séparation à brève échéance. C'est peut-être
la meilleure solution pour toi. On ne peut aimer
comme la colique ni comme les chiens aiment les
coups de bâton.

## CHIFFRES ARABES,

### Réponses pour le sexe masculin.

**1.** Attends-toi à une mauvaise nouvelle. Un homme averti en vaut deux.

**2.** Un péril te menace mais tu es brave et tu sauras le détourner. Sois prudent dans la querelle que tu auras car elle pourrait te brouiller avec un de tes meilleurs amis.

**3.** C'est toujours par ta trop grande confiance que tu t'attires des désagréments, qu'as-tu besoin de raconter ce que tu fais à tout le monde, on t'écoute et l'on en profite pour te couper l'herbe sous le pied. Ce sont ceux-là qui semblent t'écouter le plus attentivement qui sont les premiers à se gausser de ta naïveté.

**4.** Un artiste peu sérieux te va proposer une affaire, tu feras mieux de le remercier sans donner suite à ta proposition. En affaires comme en amour, il faut savoir discerner le bien du mal et tu suis trop généralement ton premier mouvement.

**5.** L'emploi que tu voudrais avoir est sur le point d'être libre, si tu as du flair, profites-en.

**6.** Rien de particulier pour toi en ce moment. Calme plaît sur toute la ligne, indifférence absolue en amour.

7. Bonne nouvelle. Tous mes compliments. Dans l'excès de ton bonheur, ne va pas cependant oublier la prudence.

8. Quelqu'un se fera ton porte-parole et t'apportera enfin la réponse que tu souhaites de la part de la femme à qui tu t'étais adressée.

9. Retard sur toute la ligne. Le mieux pour toi est de ne rien entreprendre d'ici quelque temps parce que tu ne recueillerais que des tracas. Un bon averti en vaut deux.

10. Tu vas partir en voyage d'affaires. La réussite sera au gré de tes désirs. Froides mains, chaudes amours.

## CHIFFRES ROMAINS

### Réponses pour le sexe masculin.

1. Plaisirs d'amour ne durent qu'un moment, chagrins d'amour durent toute la vie.

II. Un militaire n'est pas du tout content de toi et se chargera de te le dire à sa prochaine permission. Pourquoi veux-tu toujours marcher dans les platesbandes d'autrui ?

III. Danger causé par des bavardages. Tu parles à tort et à traver . Tu te figures que l'on te croie, allons donc !... on te juge à ta juste valeur.

IV. Tu vas recevoir une lettre désagréable, mais elle te servira à te mettre en garde contre les gens qui médisent de toi. La nouvelle si fâcheuse soit-elle sera pour toi une leçon.

V. L'esprit qu'on veut avoir gâte celui qu'on a. Tu réussirais par tes moyens personnels tandis que tu te fais moquer de toi en cherchant à parodier ceux que tu crois être plus forts que toi.

VI. Tout te réussira tant que tu seras modeste. Continue comme par le passé à suivre le droit chemin. Le bonheur est au bout. La femme que tu aimes te sera fidèle.

**VII.** Bonne nouvelle t'arrivera d'ici peu. Sache profiter alors de l'occasion qui se présente. Il ne faut pas oublier qu'elle n'a qu'un cheveu !...

**VIII.** Tu seras fort ennuyé par l'échec d'une démarche que tu as tentée, mais il faut te dire que ce n'est pas toujours facile d'atteindre le but du premier coup. Persévère, ne te décourage pas, reste le bon garçon que tu es, tu en seras tôt ou tard récompensé.

**IX.** Rupture avec celle que tu aimes. Mon pauvre ami, demande-toi si les torts ne sont pas en grande partie de ton côté.

**X.** Tu vas faire un voyage assez long, mais ce ne sera pas un voyage d'agrément, tu en rapporteras plutôt un souvenir désagréable.

## CHIFFRES ARABES

### Réponses pour dames et demoiselles

**1.** Plaisir et peine à la fois. Tu n'es pas assez clair-voyante et tu ajoutes trop foi aux paroles du premier venu. De cruelles déceptions attendent la femme qui a placé tout son bonheur dans l'amour.

**2.** Procès perdu. Toutefois, tes ennemis sont ré-duits à l'impuissance et ils ne pourront pas te nuire.

**3.** Un homme d'un certain âge appartenant à la police ou à la magistrature se renseigne en ce mo-ment sur tes actions, prends garde.

**4.** Un jeune homme brun te trahit, mais un jeune homme blond te défend. A toi de savoir comprendre. La déception est ce que les hommes pardonnent le moins aisément.

**5.** Perte d'argent. Mais plaie d'argent n'est pas mortelle. Il vaut mieux avoir un déficit dans sa bourse qu'un déficit en amour.

**6.** Amour malheureux. Colère prompte mais cour-te. Tout cela ne te causera que de la tristesse.

**7.** Le sort te réserve des querelles et des tourments à moins qu'un homme de cœur ne se charge de les dissiper.

**8.** Une maladie et une mauvaise nouvelle te menacent. Tu n'as donc qu'à te tenir sur tes gardes, tu peux éviter l'une en prenant des précautions, tu peux attendre l'autre avec du courage.

**9.** Beaucoup d'ennuis en perspective. Mort prochaine d'une personne que tu affectionnais beaucoup.

**10.** Trahison d'amour. C'était fatal. La confiance réciproque n'existait pas.

# CHIFFRES ROMAINS

## Réponses pour dames et demoiselles

**I.** Le plaisir d'amour est souvent suivi d'une déception, il faut savoir prendre le temps comme il vient.

**II.** Pourquoi vouloir mêler des gens d'affaires à des choses qui ne regardent que ton cœur ?
« Et qui sait si déjà quelque bouche infidèle
« Ne l'a point averti de votre amour nouvelle... »

**III.** Ne prête pas l'oreille aux bavardages d'une femme brune qui est jalouse de toi. Méfie-toi de certaines amies dont les conseils sont intéressés. Tu voudrais que tout le monde partage ton bonheur, tu ne t'attires que des envieux en en faisant part.

**IV.** Un jeune homme brun te courtise, fais bien attention, parce que cela pourrait t'occasionner des désagréments.

**V.** Tu auras une perte d'argent.

**VI.** Tu souffriras d'être délaissée. C'est le sort commun à toutes les amoureuses. Musset a dit :

« Les gens d'esprit et les heureux
« Ne sont jamais bien amoureux !... »

**VII.** Il y a beaucoup de nuages à ton horizon. Tu as des chagrins que tu caches et c'est parce que tu ne veux pas les dire que tu en souffres davantage. Il

**VIII.** Mauvaise nouvelle, pleurs et discorde. La discorde est fille de la nuit et mère de la misère. Il faut savoir l'étouffer. Du courage !...

**IX.** Une maladie te menace. Tu auras du retard dans tes affaires, il faut mettre à profit les leçons que tu reçois du malheur.

**X.** Affaire manquée. Il ne faut pas se lamenter pour une affaire manquée, c'est quelquefois l'indice d'une chance prochaine.

## CHIFFRES ARABES

### Réponses pour le sexe mascu ,ì.

1. Une mauvaise nouvelle que tu vas recevoir accentuera ton penchant à la mélancolie, ce en quoi tu as tort parce que ce n'est pas avec une figure de bonnet de nuit que tu pourras réussir auprès du beau sexe. Tu as toujours l'air d'avoir mangé des haricots qui ne veulent pas digérer et comme tu es gai comme une porte de prison ; étonne-toi si on te répond : zut !

2. Tu perdras ton procès. Tu mets toujours dans tes affaires des individus qui n'ont pas d'intérêt à te voir triompher.

3. Une dame veuve, brune, assez élégante, cherche à te tromper et même, si tu continues, te trompera sûrement. Et ce sera pain bénit !... Tu n'es en somme qu'un vaniteux qui se figure que toutes les femmes doivent courir après toi !... Celles qui t'écoutent ou font semblant n'ont qu'un seul but : te rouler. Te voilà prévenu.

4. Un militaire avec lequel tu as passé plusieurs jours à faire bombance te causera des désagréments.

5. Présage d'une trahison. Bah ! quand tu auras

été trompé, sois philosophe et dis comme le héros de Corneille :

> ...« J'aime encor ma défaite
> Qui fait le beau succès d'une amour imparfaite !... »

6. Tu n'as pas à te féliciter de tes amours en ce moment. Le baromètre est à la pluie et même à grande tempête.

7. Querelles et tourments, tu en auras pour ton grade.

8. Une femme perfide que tu as eu tort de ne pas démasquer profite de ta faiblesse à son égard pour te nuire auprès de celle qu tu aimes.

9. Retard dans les affaires. A qui la faute ?... Si au lieu de passer ton temps à t'occuper de politique, tu t'occupais de ton commerce, tu irais sûrement plus vite en besogne.

10. Maladie, tracas, affaire manquée, accident. La série est à la noire pour toi, il vaut mieux ne rien entreprendre d'ici quelque temps.

## CHIFFRES ROMAINS

### Réponses pour le sexe masculin.

**I.** Qu'importe le flacor pourvu qu'on ait l'ivresse. Qu'importe la douleur et le chagrin puisque tu as eu plaisir d'amour.

**II.** C'est une gourgandine qui te harcèle et te poursuit, heusse les épaules et suis ton chemin. En' route, tu trouveras le danger, évite-le. Ne te laisse pas aller à des querelles.

**III.** Un jeune homme brun te causera des ennuis, une femme blonde te consolera.

**IV.** Amour malheureux. Le jeu de l'amour, vois-tu, ressemble au jeu de l'oie. Il faut amener les bons dés pour ne pas tomber dans le puits.

**V.** On ne peut pas tout avoir à la fois, tu as une femme charmante et de beaux enfants, pourquoi veux-tu de la fortune, tu as le bonheur dans la médiocrité.

**VI.** Amour vénal, mariage manqué. Si tu es marié, prends garde !... Il faut dans le ménage se faire des concessions mutuelles et ne pas croire qu'on est obligé de subir par devoir. C'est en négligeant l'amour que l'on se rend malheureux.

**VIII.** Tu te plains de ne pas être heureux et c'est toi le premier artisan de ta malchance.

**IX.** Ce que tu escomptais ne se réalisera pas, pour le moment du moins, il te faut redoubler de courage et d'énergie, car tu vas avoir besoin de lutter encore longtemps pour atteindre le but.

**X.** Tu seras trahi par celle en qui tu avais placé ta confiance. Ce n'est pas une raison pour prendre la chose au tragique. En ce monde, il faut savoir être philosophe. Béranger a dit :

> « C'est l'amour, l'amour, l'amour
> « Qui fait le monde
> « A la ronde
> « Et chaque jour, à son tour,
> « Le monde fait l'amour ! »

## CHIFFRES ARABES

### Réponses pour dames et demoiselles

**1.** Ce que tu désires se réalisera dans un temps peu éloigné. Tu recevras une heureuse nouvelle, mais souviens-toi que le poète a dit :

« L'amour est un enfant à qui tout rend hommage,
« C'est le tyran d'un fou, c'est l'esclave d'un sage !...

**2.** Evidemment, tu as besoin d'être encouragée et soutenue, mais ne crains rien, un puissant protecteur s'occupe de toi.

**3.** Une rivale très acariâtre cherche à te nuire par ses méchants propos à ton égard, elle perd son temps, tu as la confiance absolue de ton ami, en ne réussira pas à te nuire. Un cœur épris embellit dans son imagination l'objet de sa passion et ne voit rien au delà de lui.

**4.** Celui qui t'aime est hardi, fier, énergique, audacieux. Il a fait son devoir à la guerre, c'est un vrai poilu.

**5.** Tu auras de la chance quand la guerre sera finie. Seulement retiens bien ceci ; Qui s'attend à l'écuelle d'autrui est exposé à mal dîner. A bon entendeur, salut !...

**6.** Sois tranquille, on ne t'oublie pas, mais les cir-constances ne permettent pas un rapprochement im-médiat.

**7.** Tu vas recevoir bientôt une petite somme sur laquelle tu ne comptais pas, mais tu seras contrariée dans tes amours. Ce ne sera d'ailleurs qu'une brouil-le passagère, après la pluie le beau temps.

**8.** L'affaire que tu poursuis est sur le point d'abou-tir. Il faut pourtant te tenir sur la réserve jusqu'à parfaite conclusion.

**9.** Bientôt tu hériteras. Mais si la fortune te sou-rit, n'en profite pas pour te laisser aller à l'oisiveté. Puisses-tu chaque soir en te couchant dire comme Titus : « Je n'ai pas perdu ma journée !... »

**10.** Un événement heureux se prépare pour toi. Il se pourrait même que cet événement soit l'annonce d'un changement complet de ta situation

## CHIFFRES ROMAINS

### Réponses pour dames et demoiselles

**I.** Tu parles trop, aussi tu n'auras qu'une satis-faction minime en raison de ton imprudence. A l'ave-nir, souviens-toi qu'en affaires comme en amour, il faut beaucoup de discrétion.

**II.** On s'occupe de toi, mais de sérieux retards sont apportés dans la conclusion de l'affaire qui t'intéres-se, parce qu'un homme d'un certain âge que tu as fâché inconsidéremment ne donne plus de bons ren-seignements.

**III.** Prends garde, tu as une rivale. Elle épie tou-tes actions et cherche à te surprendre en faute pour en profiter. Gentille comme tu es, tu es naturellement remarquée, enviée, mais beauté comme noblesse oblige. C'est à toi de ne pas donner lieu à la médi-sance.

**IV.** Celui que tu as congédié, avec raison, est un sournois qui cherche à te nuire, mais tu es avertie, déjoue ses plans.

**V.** Affaire, nulle. Pourtant, il ne faut pas perdre espoir, au contraire, reprends courage, tu seras ré-compensée dans l'avenir.

**VI.** Sois douce, aimante. courageuse, et celui auquel tu penses sera bientôt à tes genoux. L'argent ne fait pas le bonheur, il y contribue, c'est possible, mais combien de gens dans la faveur regrettent de n'avoir pas seulement une chaumière et un cœur !

**VII.** Si tu n'avais pas l'habitude de potiner, tu ne ferais pas de bévues et si tu n'avais pas fait de bévues, ton désir aurait été exaucé, ne t'en prends donc qu'à toi-même. De toi seule dépend ton bonheur ou ta déveine.

**IX.** Avant peu, tu recevras d'une personne qui t'est chère un superbe cadeau.

**X.** Pourquoi te plaindre ?... Ce n'est pas le succès complet, mais tu as gagné la première manche.

# CHIFFRES ARABES

### Réponses pour le sexe masculin.

**1.** Tu es un veinard. Tout te réussit. Ton bonheur et ton succès continuent à être assurés.

**2.** On est certainement bien disposé pour toi, mais il ne faut pas apporter cette impatience que tu manifestes à tout propos. Songe que Paris n'a pas été bâti en un jour, que les affaires demandent réflexion et que plus une femme est sérieuse, plus elle est longue à se décider.

**3.** Tu es aimé par une femme loyale affectueuse et qui ne voit que par toi. A toi de savoir la comprendre.

**4.** Tu plairas par ta bravoure.

**5.** T'en fais pas !...

**6.** Pourquoi es-tu si pressé. Tout vient à point à qui sait attendre. Jamais proverbe n'a dit si vrai qu'en ce qui te concerne.

**7.** Ton amour subit un léger ennui. Patiente, tout s'arrangera d'ici peu et il y aura encore de beaux jours à l'horizon.

**8.** Une charmante jeune fille, digne en tous points de toi, fera ton bonheur si elle ne le fait déjà. Que peux-tu désirer de mieux.

**9.** Prends un billet multiple de 7 et tu gagneras sûrement à la loterie. Pour être plus sûr que le numéro se termine par 7 ou 3, mais avant tout multiple de 7.

**10.** Retiens ceci : Tu vas être dans les honneurs, si tu veux les conserver, ne jamais transiger avec ta conscience. Toujours tout droit !

## CHIFFRES ROMAINS

### Réponses pour le sexe masculin.

**I.** Tu n'auras jamais que de courtes satisfactions parce que tu ne sais pas modérer tes désirs. N'oublie pas qu'en amour le désir immodéré met l'homme hors de lui, lui ôte la conscience de voir et lui paralyse l'énergie.

**II.** Un personnage important qui s'occupe de toi, fait en ce moment une enquête sur ton compte, c'est ce qui apporte du retard dans tes projets.

**III.** Une femme jalouse, furieuse de ce que tu lui préfères une rivale te poursuit de sa haine et te nuit beaucoup. D'ailleurs, c'est ta faute. Tu papillonnes trop, tu fais sonner tes écus. Garde-les ça vaudra mieux.

**IV.** Sois moins flatteur, on te croira davantage et certainement tu réussiras beaucoup mieux en affaires comme en amour.

**V.** Rien d'intéressant pour toi en ce moment. Recueille-toi. Ne te presse pas. Si tu es ambitieux, gagne de l'argent sans essayer d'être chanceux en amour, si tu es modeste, préfère l'amour à l'argent.

**VI.** Tes amours sommeillent, ne t'en plains pas, cette période d'accalmie est nécessaire à ta santé.

**VII.** Petit gain à l'horizon. Il faut savoir se con-

tenter de peu, c'est la maxime du sage. Rappelle-toi
qu'il faut se considérer comme heureux lorsque l'on
a du vieux vin, du vieux bois, des vieux amis et de
vieux livres.

**VIII.** Retard dans tes combinaisons. Un bon conseil, ne cours donc pas deux lièvres à la fois, tu n'en
attraperas pas un seul.

**IX.** Tu es veinard. Une femme qui t'aime va t'envoyer un cadeau. La meilleure acquisition que l'on
puisse faire est celle pour laquelle on n'a rien à donner en retour.

**X.** Tu n'obtiendras jamais que des demi-succès auprès des femmes, parce que tu ne sais pas les comprendre.. Rappelle-toi donc que :

« Il n'est point de malheurs qui ne soient limités
« Et qui sait les souffrir les a presque domptés.

# ORACLE
# PAR LE MARC DE CAFÉ

Explications de toutes les figures et préparation
du marc pour l'expérience

## ORACLE PAR LE MARC DE CAFE

Préparation du marc qui doit servir à l'expérience.

Préparez le café par la méthode ordinaire.

Laissez le marc dans la cafetière lorsque vous aurez versé tout le café.

Il faut que le marc qui restera au fond soit le plus épais possible.

Laissez sécher pendant un jour ou deux.

Quand le marc est bien sec, versez dessus un peu d'eau pure dans la proportion de un verre ordinaire pour 35 grammes de marc.

Ayez bien soin de remuer la cafetière le moins possible.

Faites chauffer jusqu'à ce que le marc se délaye dans l'eau, mais il est important de ne pas laisser bouillir.

Prenez alors une assiette assez large, de préférence en terre de pipe. Essuyez cette assiette pour en fair disparaître toute trace d'humidité.

Vous pouvez faire sécher l'assiette au feu, si le temps est humide.

Avec une cuiller d'argent ou argentée, autant que possible, vous prenez dans la cafetière une petite quantité de marc que vous versez sur l'assiette.

Agitez l'assiette dans tous les sens, le plus légèrement possible, pour que le marc se répande bien dans toutes les directions, pendant une à deux minutes.

Posez alors l'assiette sur une table et laissez reposer un quart d'heure.

Faites alors écouler avec précaution l'eau de l'assiette.

Opérez doucement pour ne pas brouiller les dessins qui seront formés.

Si ces dessins sont trop brouillés, que le marc soit trop épais, que votre fond d'assiette ne ressemble pas à une mosaïque irrégulière, il faudra recommencer.

Si les rebords sont épais, cela ne fait rien, du moment que le milieu présentera des figures suffisamment reconnaissables.

Généralement, il est plus facile d'opérer par un temps sec, mais si on est pressé de savoir, on remédiera à l'inconvénient du temps peu propice, en faisant chauffer au préalable l'assiette. Quand elle donnera une chaleur douce à la main, on pourra commencer sans crainte.

C'est de l'aspect des figures que l'on peut tirer des déductions.

Il s'agit de les démêler parce que chacune a sa signification. Il faut naturellement un peu d'habitude pour les déchiffrer. Nous donnons dans les pages suivantes la signification des principaux dessins que l'on peut rencontrer.

## LIGNES DROITES

**Grandes ou petites.** — Vieillesse heureuse.
**En petit nombre.** — Médiocrité.
**Parallèles.** — Voyage prochain.

Le voyage sera d'autant plus long que les parallèles seront plus longues. Si elles sortent du creux de l'assiette, le voyage aura lieu à l'étranger. Si le chemin est chargé de petits points noirs, le voyage ne s'effectuera pas sans ennuis.

## LIGNES COURBES

**Ondulées.** — Revers.
**Entremêlées.** — Revers et succès alternativement.
**Parallèles.** — Voyage long et difficile.

Mêmes observations que pour les lignes droites.

## LIGNES BRISEES

**En grand nombre.** — Difficultés à surmonter, d'autant plus grandes que les lignes seront plus grandes, plus saillantes et plus multipliées.

**En petit nombre.** — Modeste aisance après une vie de travail.

**En forme de croix.** — Mort douce.

S'il y a dans l'assiette, **deux croix** : chagrin d'amour, **3 croix** : honneurs ; **4 croix** : mort de 40 à 45 ans pour les demoiselles ; 45 à 50 pour les femmes ; 50 à 55 ans pour les hommes. **Au-dessus de 4 croix** : pour des femmes, dévotion, mysticisme ou folie sur la fin des jours ; pour les hommes, grandes déceptions dans la vieillesse.

**En buisson.** — Ennuis pour une femme.

## ANGLES

Un côté plus grand. — Mort malheureuse.
Côtés égaux. — Vieillesse calme.

## TRIANGLES

Un seul. — Emploi honorable.
Deux. — Décoration.
Trois. — Fortune d'autant plus rapide que les triangles seront plus rapprochés. S'ils se touchent : gains à la loterie.
En grand nombre. — Gain assuré.

## CARRES

Les carrés annoncent des désagréments en raison de leur nombre.

## RECTANGLES

Au creux de l'assiette. — Ennui sérieux dans le ménage.
Sur les bords. — Divorce.
Entouré de croix. — Infidélités conjugales de la part de la femme.
Entouré d'angles. — Infidélités de la part de l'homme.

## LOSANGES

Bien net. — Bonheur en amour.
Entouré de ronds. — Bonheur compromis et si les ronds en forme de grains de chapelet ne se terminent pas par un triangle : bonheur perdu.

## POLYGONES DIVERS

**Un seul.** — Heureux mariage.
**Plusieurs.** — Veuvage et remariage.

## RONDS

**Absence complète.** — Gêne d'argent.
**Un seul.** — Médiocrité.
**Nombreux.** — Vous recevrez de l'argent.
**Blanc à l'intérieur.** — Désir non réalisé.
**Avec 4 points intérieurs.** — Naissance d'un enfant.
    Deux ronds semblables promettent deux enfants et ainsi de suite.
**Parfait, avec 4 points.** — L'enfant sera un garçon.
**Imparfait, avec 4 points.** — L'enfant sera une fille.
**Entouré d'un autre rond.** — L'enfant sera célèbre.
**Traversé par une courbe.** — Enfant bien doué, mais difficile à élever.
**Plusieurs réunis.** — Vous serez volé.

## OVALES

**Nombreux.** — Succès en affaires.
**En petit nombre.** — Gains modestes.

Pour procéder à l'explication, la personne qui consulte le marc de café doit d'abord jeter un premier coup d'œil d'ensemble afin de tirer une première conclusion. Puis, elle reprend en détail, signe par signe, figure par figure, en tâchant de bien préciser sa signification.

Après l'examen des lignes, elles passent aux figures diverses. Voici quelques-unes de celles que l'on rencontre plus couramment.

**Araignée.** — Le matin, chagrin.

—       A midi, souci.

—       Le tantôt, cadeau.

—       Le soir, espoir.

**Arbre ou arbuste.** — Partie de campagne en perspective.

**Ane.** — Discorde, entêtement d'une personne qui vous touche de près et qui peut vous occasionner de graves ennuis.

**Animaux à quatre pattes (voir cheval).** — Misères et peines. Les ennuis qui vous menacent sont d'autant plus grands que les figures d'animaux semblent représenter des bêtes féroces. Dans ce cas, c'est un grave péril qui est suspendu sur votre tête.

**Animaux domestiques.** — Voyez âne, chien, cheval.

**Bassinoire.** — Bonheur conjugal.

**Buisson.** — Difficultés insurmontables.

**Bouquet.** — Le plus heureux de tous les présages.

Si un triangle se trouve immédiatement à côté du bouquet vous serez le plus fortuné de tous les hommes. Non seulement vos entreprises commerciales ou industrielles réussiront mais encore vous aurez des succès inespérés en amour.

Si ce présage concerne une dame ou une demoiselle, il est également signe de réussite. Elle n'aura rien à désirer tant au point de vue des biens, des honneurs, de la satisfaction familiale qu'au point de vue des amours.

**Chien.** — Signe qu'un ami fidèle veille sur vous en toute circonstance.

**Plusieurs chiens.** — Amis, sécurité, protection.

Si la tête ou la forme d'un chien se trouve dans l'assiette, à côté d'un cercle qui a sur sa circonférence plusieurs petites facettes, c'est que votre mari ou votre femme sont d'une fidélité à toute épreuve.

Si c'est un jeune homme ou une jeune fille qui font l'expérience, ce signe leur indiquera qu'ils peuvent se marier en toute sécurité. Ils n'auront pas à craindre d'être trompés.

**Chêne.** — C'est une figure assez difficile à reconnaître et il faut vraiment avoir l'habitude du marc de café pour se risquer si l'on voit un arbre à déclarer que c'est un chêne..

Dans ce cas, en dehors de la partie de campagne qui vous est annoncée, il vous est assuré que, dans la mauvaise fortune, vous ne manquerez pas de protection et que vous serez fermement encouragé par un ami ou un protecteur pour surmonter l'adversité.

**Cheval.** — Message en chemin.

Si sur le cheval vous croyez voir une forme humaine ressemblant à un homme, c'est qu'un homme estimable et de grande notoriété fait pour vous de grandes démarches et vous rendra de bons services au moment où vous les attendrez le moins.

Si au lieu d'un homme vous distinguez une femme, c'est qu'une dame ou une demoiselle s'est littéralement éprise de vous et est capable des plus grandes extravagances.

Si c'est une jeune fille qui consulte le

marc de café et qui découvre cette figure, ceci
doit lui donner à réfléchir. Une de ses amies,
très bavarde, à force de raconter à tort et à
travers des histoires plus ou moins véridi-
ques, est entrain de la compromettre et de jeter sur elle de la déconsidération.

**Couronne.** — Succès.
— **de trèfles.** — Honneurs.
— **de fleurs.** — Dignité.
— **de triangles.** — Mort d'un ami.
— **de carrés.** — Mort dans la famille, pendant l'année qui court.

Si la couronne est surmontée sur tout ou
partie de sa circonférence par des croix, le
signe de deuil est encore plus certain et l'événement se produira dans un délai relative-
ment court.

Si la couronne de fleurs est complètement
fermée, les honneurs qu'elle vous  présage
vous donneront beaucoup de souci.

**Chiffre.** — Gain à la loterie.

Il est bon de noter précieusement le ou les
chiffres que l'on découvre dans le marc de
de café. Ce chiffre vous donnera le nombre
dont vous devez choisir un des multiples pour
avoir la chance de gagner à la loterie ou
dans les tirages d'actions ou valeurs a lots.

**Coffre.** — Toute figure ressemblant à un coffre ou
coffret ou cassette indique que vous recevrez une
lettre et que, dans cette lettre on vous informera
que l'on vous envoie un cadeau

**Domino.** — Mort prochaine.

**Epée.** — Querelle, duel.

**Plusieurs.** — Ennemis acharnés.

**Croisées.** — Protection.

(Voir figures).

**Fleurs.** — Bonheur en ménage.

**Rose.** — Santé, amour, volupté.

**Tulipes.** — Magnificence, succès d'argent.

**Pensée.** — Souvenir d'amour.

Si l'une de ces trois fleurs paraît être tenue par une forme de femme, l'homme qui consulte peut être certain :

Si c'est une rose, que son amante brûle d'amour pour lui.

Si c'est une tulipe, que l'on aime surtout ses écus et que sa personne n'est l'objet de tant de considération qu'en raison de sa fortune.

Si c'est une pensée, que le souvenir des heures d'amour est resté au cœur de celle qui aime.

S'il s'agit d'une jeune fille consultante ;

Dans le premier cas : c'est de l'amour passionné et sincère.

Dans le second : une amie qui n'est pas très sûre et qui essaie de vous supplanter ;

Dans le troisième : une preuve de constance et de fidélité.

**Figures.** — Mariage, amour partagé.

Trois figures d'hommes, groupées, promettent une place très lucrative, d'autant plus belle que les figures sont plus rapprochées.

Trois figures de femmes annoncent aux

jeunes gens, un amour ardent, aux hommes mariés, une recrudescence de de passion ; aux jeunes filles, une amitié sincère, aux femmes mariées, une aventure.

Si les figures sont entrecoupées de lignes, c'est que vos ennemis cherchent à entraver vos succès.

Si c'est une tête sur un jupon, il faudra considérer que c'est une femme, si c'est une tête sur un corps quelconque, c'est un homme.

Si de cette forme humaine sort une ligne qui simule un bras vous recevrez des présents de la personne, homme ou femme, indiquée sur l'assiette. Pour savoir si cette personne est brune ou blonde, vous remarquerez si les traits qui forment le dessin sont fortément ou faiblement marqués. Dans le premier cas, elle est blonde.

Si cette forme humaine paraît armée d'un bâton, elle signifiera pour le jeune homme qui consulte qu'il est près de succomber aux propositions d'une femme galante et qu'il se repentira amèrement de sa faiblesse.

Si c'est une dame ou demoiselle qui consulte c'est un avertissement sérieux de prendre garde aux propos galants d'un séducteur dangereux.

Il en serait de même si au lieu d'un bâton c'était une épée.

**Fusil.** — Affaires embrouillées.

**Gerbe.** — Prospérité.

**H.** — Il est d'un très mauvais présage de rencontrer cette lettre dans le marc de café. Non seulement, elle annonce une mort prochaine mais une mort violente par crime ou accident.

**Insectes.** — La présence de formes d'insectes annonce des ennuis très nombreux mais dont on ne tardera pas cependant à se débarrasser.

**Javelot.** — Trahison.

**Kiosque.** — Rendez-vous d'amour.

**Lys.** — Pour les jeunes gens, le lys annonce qu'ils sont aimés d'une jeune fille sans tache ; pour les jeunes filles, que leur fiancé possède les qualités d'un mari parfait,. pour les hommes et les femmes mariés, que leur bonheur est au-dessus de tout soupçon.

**Maison.** — Espoir de mariage ou de paternité.

Si à côté de cette maison se trouve un cercle, c'est vous deviendrez propriétaire.

Si il se trouve un X, c'est qu'elle est à la ville.

Si elle est à côté d'un arbre, c'est qu'elle est à la campagne.

Si elle est à côté d'un H, elle sera détruite par le feu ou par un cataclysme quelconque.

Si elle est surmontée d'une croix, c'est qu'elle vous sera léguée par héritage.

Si elle est entourée d'une courbe, c'est que vous y terminerez vos jours dans la tranquillité parfaite.

Si elle se trouve dans un triangle, c'est que l'héritage est très prochain.

**Navire.** — Voyage en perspective.

**Obus.** — Danger pour une personne aimée.

**Oignon.** — Chagrin amer.

**Oiseaux.** — Bonheur, succès.

Si l'oiseau est pris dans un filet, c'est que vous allez avoir des démêlés avec la justice.

**Poissons.** — Invitation.

La figure d'un ou plusieurs petits poissons annonce une invitation prochaine à un dîner chez un de vos amis. Vous y rencontrerez une personne de connaissance qui s'intéresse beaucoup à vos travaux.

**Palmier.** — Le même diagnostic que pour le chêne.

**Papillon.** — Aventure galante.

Ce n'est pas un présage très favorable pour les jeunes gens des deux sexes qui cherchent à se marier. Il signifie qu'on les croit volages et incapables de se fixer dans une passion stable.

**Parapluie.** — Invitation à la prudence si le parapluie est fermé, s'il est ouvert, c'est l'indication que l'on veille sur vous pour vous empêcher de faire des bêtises.

**Passe-partout (clé).** — Très mauvais signe. Prison.

**Pied.** — Rupture, divorce, départ.

**Poire.** — Déconvenue.

**Pyramide.** — Grand succès.

**Quenouille.** — Abondance, fiançailles.

**Raisins.** — Gain, richesse.

**Revolver ou pistolet.** — Menaces de mort violente, querelles, rixes, batailles.

**Roue.** — Signe d'un accident qui pourtant ne sera pas funeste.

**Sabot.** — Cadeau

**Sanglier.** — Ennemi conjuré.

**Saule-pleureur.** — Mélancolie.

Si cet arbre est auprès d'une croix, il indique de grands chagrins en perspective.

**Sauterelle.** — Coquetterie, dévergondage.

**Serpent.** — Trahison.

En général la forme d'un serpent ou de tout autre reptile annonce une trahison ou quelque complot qui se trame contre vous et que vous ne parviendrez à éviter qu'à force de luttes et surtout d'adresse. Vos ennemis rampent dans l'ombre et se glissent dans l'intimité des personnes que vous aimez pour vous attirer tous les ennuis possibles.

**Soleil.** — Grand succès.

**Soulier.** — Très bons présage pour les fiancés ou les aspirants au mariage. Il annonce un bonheur modeste mais sans nuage.

**Taches.** — Il s'en rencontre souvent de plus ou moins épaisses. Elles sont sans formes précises et il n'y a pas lieu d'en tenir compte si elles ne sont qu'en tout petit nombre. Si elles dominent c'est le signe d'embarras et de soucis et il faut bien rechercher s'il n'y a pas quelque figure qui vient heureusement contrebalancer leur pronostic désagréable.

**Tortue.** — Bonne nouvelle.

**Trèfle.** — Chance, argent.

**Treize.** — Si ce chiffre est bien formé, indépendamment au pronostic commun à tous les chiffres, il annonce en plus une bonne nouvelle et de la chance pour toute l'année.

**Urne.** — Décès d'un parent.

**Vase.** — Argent.

Si ce vase est un meuble intime, il annonce un mariage heureux.

**Vigne (feuille).** — Amour chaste.

**Violon.** — Contrariétés.

**Voiture.** — Accident.

Si la voiture est attelée, c'est l'annonce d'une mort par accident, dans un délai rapproché.

**Vrille.** — Exhortation à la patience.

**Yeux.** — S'ils sont bien dessinés et très nets, c'est l'annonce d'un succès.

S'ils sont vagues, mal dessinés ou flous ; c'est l'annonce d'une maladie.

**Zig-zag.** — Catastrophe occasionnée par la foudre.

L'énumération que nous venons de donner est certainement la plus complète de toutes celles qui ont été publiées jusqu'à ce jour. Nous croyons que nos lecteurs trouveront presque toutes les figures qui se présentent dans le marc de café expliquées ici.

# PROMENONS-NOUS
## DANS
# LES JARDINS FLEURIS

~~~~~~~~~~~~~~

## CALENDRIER FÉMININ

~~~~~~~~~~~~~~

## ORACLE DES FLEURS
pour les jeunes filles à marier, suivi de
## L'HORLOGE SYMBOLIQUE
des mois et de la Semaine de Flore

# ORACLE FÉMININ. -- Le secret de la Femme.

La lettre **B** indique que le pronostic est **BON**. Là lettre **N** qu'il est indifférent ; la lettre **M** qu'il est mauvais.

| Quantièmes | Janvier | Février | Mars | Avril | Mai | Juin | Juillet | Août | Septembre | Octobre | Novembre | Décembre |
|---|---|---|---|---|---|---|---|---|---|---|---|---|
| 1 | B. | M. | N. | M. | B. | N. | M. | B. | M. | B. | M. | B. |
| 2 | M. | B. | M. | B. | M. | M. | B. | N. | B. | B. | M. | N. |
| 3 | B. | B. | B. | B. | B. | B. | B. | B. | B. | B. | M. | N. |
| 4 | B. | N. | M. | M. | B. | M. | B. | N. | B. | M. | M. | M. |
| 5 | B. | M. | B. | M. | N. | B. | M. | N. | N. | M. | M. | M. |
| 6 | B. | B. | M. | M. | B. | B. | D. | N. | B. | B. | M. | B. |
| 7 | B. | B. | B. | B. | B. | B. | B. | B. | B. | B. | B. | B. |
| 8 | B. | M. | N. | M. | B. | M. | M. | B. | B. | M. | B. | B. |
| 9 | M. | M. | B. | B. | M. | N. | B. | B. | B. | N. | B. | B. |
| 10 | M. | M. | B. | M. | B. | B. | B. | B. | B. | B. | B. | B. |
| 11 | N. | B. | M. | B. | B. | B. | M. | B. | N. | B. | B. | N. |
| 12 | N. | B. | N. | N. | N. | B. | B. | B. | B. | N. | B. | B. |
| 13 | B. | B. | M. | N. | M. | M. | B. | N. | N. | M. | M. | N. |
| 14 | B. | N. | B. | B. | B. | B. | B. | B. | B. | B. | B. | B. |
| 15 | M. | N. | M. | M. | B. | B. | B. | B. | M. | N. | M. | B. |
| 16 | M. | N. | B. | B. | M. | M. | M. | B. | M. | N. | N. | M. |
| 17 | B. | B. | B. | B. | B. | M. | M. | N. | B. | N. | B. | B. |
| 18 | B. | M. | B. | B. | M. | B. | B. | B. | B. | N. | B. | M. |
| 19 | M. | B. | M. | M. | B. | N. | M. | B. | B. | N. | B. | B. |
| 20 | M. | B. | B. | N. | N. | M. | B. | M. | M. | N. | B. | B. |
| 21 | B. | M. | B. | B. | B. | B. | B. | B. | B. | B. | B. | B. |
| 22 | M. | M. | M. | B. | N. | B. | B. | B. | B. | B. | B. | N. |
| 23 | M. | B. | B. | M. | M. | B. | B. | N. | B. | M. | N. | B. |
| 24 | M. | M. | B. | B. | B. | B. | M. | B. | N. | B. | N. | M. |
| 25 | B. | B. | N. | B. | N. | B. | B. | B. | M. | M. | N. | B. |
| 26 | B. | M. | N. | B. | M. | B. | B. | M. | B. | N. | N. | B. |
| 27 | N. | B. | B. | M. | N. | M. | N. | B | M. | M. | M. | M. |
| 28 | N. | B. | B. | B. | B. | B. | B. | B. | B. | B. | B. | B. |
| 29 | M. | B. | M. | B. | N. | B. | B. | N. | N. | M. | M. | B. |
| 30 | B. | — | M. | B. | M. | B. | B. | M. | B. | B. | B. | B. |
| 31 | B. | — | N. | — | M. | — | M. | B. | — | N. | — | B. |

Nous renvoyons à la brochure : **LE SECRET DE LA FEMME** publiée par la même librairie pour les explications détaillées des pronostics pour les **MOIS, JOURS, SEMAINES, HEURES de l'ANNÉE.**

# PREMIER ORACLE

## PRINCIPALE QUALITÉ OU PRINCIPAL DÉFAUT DU PRÉTENDANT

| | | | | | | | | | |
|---|---|---|---|---|---|---|---|---|---|
| 151 | 1 | 112 | 2 | 141 | 3 | 114 | 4 | 160 | 5 |
| 6 | 115 | 7 | 118 | 9 | 128 | 10 | 125 | 11 | 110 |
| 149 | 12 | 152 | 13 | 102 | 14 | 103 | 20 | 106 | 22 |
| 23 | 148 | 25 | 146 | 30 | 153 | 66 | 107 | 67 | 109 |
| 41 | 53 | 61 | 43 | 64 | 65 | 68 | 154 | 69 | 39 |
| 70 | 139 | 54 | 72 | 121 | 48 | 100 | 49 | 161 | 50 |
| 166 | 75 | 122 | 90 | 82 | 92 | 36 | 95 | 88 | 37 |
| 78 | 99 | 79 | 42 | 84 | 123 | 86 | 137 | 35 | 169 |
| 1. | 31 | 133 | 126 | 32 | 138 | 33 | 124 | 135 | 140 |

La fleur correspondant au Numéro vous répondra.

# DEUXIÈME ORACLE

## PROMENONS-NOUS DANS LES JARDINS FLEURIS

### FLEURS, DITES-MOI, M'AIME-T'IL ?...

| | | | | |
|---|---|---|---|---|
| Capucine | Noyer | Fougère | Myrthe | Menthe |
| Muguet | Bouton d'or | Œillet blanc | Blé | Mauve |
| Jasmin blanc | Lilas blanc | Aloès | Rose mousse | Liseron des champs |
| Marguerite blanche | Chrysanthème des prés | Euphorbe | Bruyère | Glycine |
| Renoncule | Fraxinelle | Angélique | Fuchsia | Oranger (fleur) |

| | | | | |
|---|---|---|---|---|
| Œillet panaché | Gardénia | Pariétaire | Œillet simple | Hamamelis |
| Héliotrope | Austremis | Thlaspi | Rose rouge | Cytise |
| Lavande | Capucine | Rose blanche | Œillet panaché | Armoise |
| Lys | Balsamine blanche | Vigne | Perce-neige | Jasmin rouge |
| Œillet jaune | Violette | Croix de Jérusalem | Immortelle | Cupidone bleue |

VOIR LA RÉPONSE AU NOM DE LA FLEUR

# TROISIÈME ORACLE

## PROMENONS - NOUS DANS LES JARDINS FLEURIS

### FLEURS, DITES-MOI CE QUE PENSE MON PRÉTENDANT ?

| | | | | |
|---|---|---|---|---|
| Fusain | Œillet panaché | Phlox | Sagittaire | Fraxinelle |
| Dahlia | Rose de Provins | Hyacinthe | Nénuphar | Chrysanthème |
| Trèfle | D me d'onze heures | Rhododendron | Seringa | Œillet simple |
| Quintefeuille | Saxifrage | Myosotis | Digitale | Eglantine |
| Glycine | Pâquerette | Orme | Genévrier | Scabieuse |

| | | | | |
|---|---|---|---|---|
| Balsamine rouge | Datura | Pensée | Jacinthe | Colchique |
| Gui | Rose du Bengale | Bruyère | Amandier | Ortie |
| Sabot de Vénus | Laurier rose | Pervenche | Seringa | Kalmie |
| Primevère | Sauge | Géranium | Campanule violette | Quarantaine |
| Gerbe d'or | Paille brisée | Ketmie | Acacia | Giroflée |

VOIR LA RÉPONSE AU NOM DE LA FLEUR

## PROMENONS-NOUS DANS LES JARDINS FLEURIS

### DOIS-JE CROIRE AU BONHEUR ?

| | | | | |
|---|---|---|---|---|
| Basilic | Camélia blanc | Edelweiss | Mimosa | Palme |
| Pavot | Bégonia | Aconit | Cactus | Mousse |
| Amaranthe | Thym | Cyclamen | Feuilles mortes | Campanule gantée |
| Coquelicot | Boule de neige | Belle de jour | Alisier | Chardon |
| Muguet | Ciguë | Trèfle | Gardénia | Belle de nuit |

| | | | | |
|---|---|---|---|---|
| Azalée-rose | Hortensia | Capillaire | Marjolaine | Alisier |
| Bouton de rose | Volubilis | Buglosse | Concon | G i |
| Primevère | Ronce | Amandier | Houx | Bourracho |
| Clématite | Blé | Citrouille | Anémone | Buis |
| Mandragore | Mauve | If | Ananas | Verveine |

VOIR LA RÉPONSE AU NOM DE LA FLEUR

# PROMENONS-NOUS DANS LES JARDINS FLEURIS

## FLEURS, QUE ME CONSEILLEZ-VOUS

| | | | |
|---|---|---|---|
| Aubépine | Campanule | Pensée | Mimosa |
| Muguet | Balsamine blanche | Chardon | Primevère |
| Rose blanche | Myosotis | Belle de nuit | Clématite |
| Chèvrefeuille | Acacia | Œillet simple | Blé |
| Bluet | Réséda | Anthémis | Anémone |
| Euphorbe | Bourrache | Fuchsia | Aconit |
| Aloès | Tulipe | Bouton de rose | Glaïeul |
| Giroflée | Amaranthe | Héliotrope | Bouton d'or |
| Marguerite | Seringa | Armoise | Rose rouge |
| Violette | Bruyère | Volubilis | Angélique |

Voir la réponse au nom des fleurs.

# RÉPONSE DES FLEURS

## — A —

**1. Acacia.** — Elégance.

Il n'attend que le moment propice pour vous dire qu'il vous aime.

Conseil : La grâce est le sentiment surnaturel de la beauté.

**2. Acanthe.** — Amour des arts.

**3. Aconit.** — Dissimulation.

Conseil : ne vous fiez pas aux apparences.

Une femme vous trahit. Attention !...

**4. Aloes.** — Humeur chagrine.

La vie sans vous lui paraît pleine d'amertume.

Conseil : C'est dans l'adversité qu'on connaît l'ami véritable.

**5. Alisier.** — Gaîté.

Votre accord sera parfait.

**6. Amandier** - - Etourderie.

Votre étourderie lui cause du chagrin.

**7. Amaranthe.** — Confiance absolue.

Vos vœux seront réalisés.

Conseil : Amour constant mérite récompense.

**8. Anémone.** — Des chagrins d'amour vous guettent.

Conseil : Trop de rigueur est cruauté.

**9. Amaryllis.** — Bonté.

**10. Ananas.** — Perfection.

Il n'y a que le bonheur qui ne soit pas parfait.

**11. Angélique.** — Douceur.

Il va au devant de vos désirs, vous êtes la bien-aimée.

Conseil : Maintenez l'équilibre, vous serez heureuse.

**12. Armoise.** — Santé.

Il croit votre cœur de marbre et craint de ne pouvoir le réchauffer.

Conseil : Le bonheur est comme les montres: ce sont les moins compliquées qui ne se dérangent jamais.

**13. Aubépine blanche.** — Prudence.

On défend toujours qui l'on aime.

Conseil : Ne vous faites jamais attendre, celui qui attend songe à vos défauts.

**14. Anthémis.** — Persévérance.

Il vous trouve jolie.

Conseil : N'ayez pas de nombreux adorateurs.

**15. Arum.**

Votre amour embrase son cœur.

**1c. Azalée rose.**

Une grande joie d'amour vous attend.

**17. Azalée blanc.**

Quelqu'un vous aime d'un amour ardent mais est trop timide pour vous le déclarer.


— **B** —


**18. Balsamine violette.** — Ne me touchez pas.

**19. Balsamine rouge.** — Votre amour n'est pas partagé.

**20. Balsamine blanche.** — Impatience.

Son respect pour vous empêche de vous montrer combien il vous aime.

Conseil : Gardez-vous du premier mouvement.

**21. Basilic.**

Vous serez heureuse en ménage.

**22. Begonia. — Esprit capricieux.**

Faites attention à vous, vous avez trop de caprice.

**23. Belle de jour. — Coquetterie.**

Votre amour sera éphémère. Le bonheur passe vite.

**24. Belle de nuit.**

Une femme veut séduire celui qui vous aime.

Conseil : Ne confondez pas la timidité avec la gaucherie de la sottise.

**25. Blé. — Amour du chez soi.**

Conservez son amour qui est plus précieux que toutes les richesses.

Conseil : Bon laboureur prépare la moisson.

**26. Bluet.**

Il vous aime d'un amour idéal.

Conseil : Rien de plus fort qu'une faible femme.

**27. Boule de neige.**

On vous calomnie auprès de lui. Empêchez qu'il n'y croie.

**28. Bourrache.**

Vous êtes bonne mais pourquoi le cacher sous un dehors trop rude. Attention !...

Conseil : Soyez d'un caractère égal.

**29. Bouton d'argent.**

Il est très irrité contre vous, prenez garde !

**30. Bouton d'or. — Amour du luxe et des richesses.**

Il aspire surtout à votre dot.

Conseil : L'argent ne fait pas le bonheur.

**31. Bruyère.** — Neurasthénie.

Affection inébranlable. Il voudrait vous voir seule.

Conseil : Qui ne vit que pour son foyer est heureux.

**32. Buglosse.** — Mensonge.

**33. Buis.** — Fermeté.

Le stoïcisme aide à supporter le chagrin.

**34. Bouton de rose.**

Un jeune cœur vous aime. C'est peut-être le vrai bonheur.

Conseil : Jeunesse n'a qu'un temps.

**35. Camélia blanc.** — Constance.

C'est d'un chaste amour que vous êtes aimée, réjouissez-vous.

**36. Camélia rose.** — Talent modeste.

On vous aime en silence.

**37. Cactus.** — Bizarreries.

Vous triompherez des difficultés.

**38. Campanule violette.**

Il languit d'amour.

**39. Campanule gantée.** — Travail.

C'est dans le travail que l'on puise la consolation.

Conseil : Le travail est source du bonheur.

**40. Capucine.**

Il brûle d'amour pour vous.

**41. Chardon.** — Austérité.

Qui s'y frotte s'y pique.

Conseil : La vie est faite de désillusions.

**42. Cerisier.** — Bonne éducation.

**43. Chèvrefeuille.** — Besoin d'aimer.

Conseil : Bonne femme fait bon mari.

**44. Capillaire.**

Vous aurez beaucoup d'enfants.

**45. Chrysanthème des prés.**
L'aimez-vous comme il vous aime ?...
**46. Chrysanthème des jardins.**
Pensez à lui même quand il est loin de vous.
**47. Citrouille.**
Vous serez bientôt mère.
**48. Cigue. — Perfidie.**
L'amour est plus fort que la mort.
**49. Clématite. — Tromperie.**
Il ne vous aime qu'en passant.
Conseil : Femme avertie en vaut deux.
**50. Citronelle. — Indifférence.**
On ne peut répondre à vos désirs.
**51. Colchique.**
Méfiez-vous, les beaux jours s'en vont.
**52. Coquelicot.**
Vos enfants vous consoleront.
**53. Coucou. — Cœur infidèle.**
On vous trompe.
**54. Cytise. — Sournoiserie.**
Ne vous y fiez pas, son âme est pleine de noirceur
**55. Cyclamen.**
On vous souhaite d'être toujours heureuse.
**56. Croix de Jérusalem.**
Sa probité est à toute épreuve.
**58. Cupidone bleue.**
Vous êtes l'inspiratrice d'amour.

— D —

**59. Dahlia.**
Puissent ses hommages vous attendrir.
**60. Dame d'onze heures. — Paresse.**

Soyez donc moins paresseuse, on vous aimera davantage.

**61. Digitale. — Travail.**

Vous êtes belle et cruelle.

**62. Datura.**

Vos charmes sont trompeurs.

— E —

**63. Edelweiss.**

Je souhaite que votre bonheur soit toujours parfait.

**64. Eglantine. — Poésie.**

Attendez-vous à de douces promesses.

**65. Euphorbe. — Esprit tourmenté.**

L'amour lui fait perdre la raison.

Conseil : Bon cœur fait bon caractère.

**66. Ellébore. — Bel esprit.**

— F —

**67 Feuilles mortes. — Mélancolie.**

L'amour ne vous réserve que tristesse.

**68. Fenouil. — Force.**

**69. Fougère. — Sincérité.**

**70. Fuchsia. — Légèreté.**

Conseil ; L'amour n'a pas d'âge, il est toujours naissant.

**71. Fraxinelle.**

Il se consume d'amour pour vous.

**72. Fumeterre. — Esprit critique.**

**73. Fusain.**

Votre image est gravée dans son cœur.

## — G —

**74. Gardenia.**
Pas de bonheur sans vous.
**75. Genet. — Propreté.**
**76. Genevrier.**
Venez à lui, il vous secourera.
**77. Geranium.**
Seriez-vous sotte ?... Pourquoi tant de vantar-
lise ?...
**78. Giroflée. — Fidélité.**
Il vous sera fidèle jusqu'à la mort.
Conseil : Sois fidèle et tu seras aimée.
**79. Gerbe d'or. — Défiance.**
Il vous soupçonne d'être prodigue.
**80. Glycine.**
Votre amitié lui est douce et précieuse.
**81. Gui.**
L'amour surmontera tous les obstacles.
**82 Glaïeul. — Fatuité.**
Conseil. — Si l'amour te guide, suis-le mais prends
garde à toi.

## — H —

**83. Hamamélis.**
Votre amour ensorcèle son cœur.
**84. Héliotrophe. — Amour parfait.**
Conseil : Le bonheur a des taches comme le soleil.
Il a pour vous un attachement sans borne.
**85. Houx.**
Un danger vous menace, mais on vous protégera.

**86. Hyaolnthe. —** Jeu.

L'amour n'est pour lui qu'un jeu.

**87. Hortensia. —** Indifférence.

Ni grand bonheur, ni grande peine. La vie mo-notone.

— I —

**88. If. —** Tristesse.

**89. Immortelle.**

Il rêve de vous aimer toujours,

**90. Iris.**

Attendez-vous à une déclaration prochaine.

— J —

**91. Jaolnthe. —** Bienveillance.

Vous êtes trop confiante avec tout le monde et il s'en désole.

**92. Jasmin blanc. —** Amabilité.

Il vous estime par-dessus tout, mais ne vous aime pas.

**93. Jasmin rouge.**

Votre pensée ne le quitte pas.

**94. Jonquille.**

Son désir est ardent et fort.

— K —

**95 Kalmie. —** Perfidie.

Il vous accuse d'être perfide.

**96. Ketmie.**

Vous êtes si jolie !...

## — L —

**97. Lavande.**
Votre amour embaume son cœur !
**98. Laurier rose.**
Votre bonté l'attire.
**99. Lierre. — Affection sincère.**
Sa devise est : je meurs ou je m'attache.
**100. Lilas blanc. — Jeunesse.**
Vous êtes son premier amour.
**101. Lilas lilas.**
Ne le faites pas attendre.
**102. Lis. — Pureté.**
Il vous aime pour votre innocence et votre candeur.
**103. Liseron des champs. — Humilité.**
Il est timide mais il espère.
**104. Lunaire.**
Il vous attendra ce soir.

## — M —

**105. Mandragore.**
L'amour avant tout.
**106. Marguerite blanche. — Innocence.**
Il vous aime, l'aimez-vous ?
Conseil : Consulte ton cœur, il te répondra.
**107. Marguerite des prés. — Franchise.**
S'il dit oui, croyez-le !
**108. Marjolaine.**
Soyez heureuse dans la médiocrité.
**109. Mauve. — Obéissance.**
Il fera ce que vous voudrez, commandez, il obéira.

**110. Menthe.** — Amour confiant.

Il vous aime d'un amour qui ne craint rien.

**111. Mélisse.**

Ne plaisantez pas, il oserait trop !...

**112. Mimosa.** — Sensibilité.

Bonne chance !

Conseil : Trop de bonté devient faiblesse.

**113. Mousse.**

Vous êtes née pour être mère.

**114. Muguet.** — Croyance au bonheur.

Le bonheur vous sourit, profitez-en.

Conseil : Aimer, c'est vivre.

**115. Mûrier.** — Sagesse.

Il ne vous survivrait pas, aimez-le !

**116. Myosotis.**

Ne l'oubliez pas !

Conseil : La beauté est passagère, l'amour demeure.

**117. Myrte.**

Son cœur est tout entier à vous.

## — N —

**118. Narcisse.** — Egoïsme.

Son amour est égoïste.

**119. Nénuphar.**

Votre froideur le chagrine.

**120. Noyer.**

Aimez-le, il est sérieux.

**121. Œillet blanc.** — Enfantillage.

Son amour sera peu sérieux.

**122. Œillet simple.** — Energie.

Il vous aime d'un amour passionné.

Conseil : Appuyez-vous l'un sur l'autre : l'union fait la force

123. Œillet rose. — Ardeur.

124. Œillet jaune. — Sotte vanité.

125. Œillet panaché. — Incrédulité.

Vous êtes trop capricieuse, il refuse de vous aimer.

126. Oranger (fleur). — Générosité.

Il veut que vous soyez à lui pour la vie.

127. Orme.

Ses promesses sont trompeuses.

128. Ortie. — Méchanceté.

Vous ne lui plaisez pas.

## — P —

129. Palme.

Le succès couronnera vos efforts.

130. Pavot.

Gardez bien votre secret.

131 Paille brisée.

Tout est rompu.

132. Pariétaire.

Il vous aime pour votre fortune et non pour vous.

133. Pâquerette. — Timidité.

Il n'ose pas se déclarer.

134. Perce-Neige.

Vous êtes son premier et son unique amour.

135. Pensée. — Souvenir qui dure.

Il ne peut s'empêcher de songer à vous.

Conseil : L'amour revit par le souvenir.

136. Pervenche.

Il sait compenser l'absence par le souvenir.

137. **Peuplier.** — Courage.

138. **Pin.** Hardiesse.

139. **Platane.** — Génie.

88. **If.** — Tristesse Bonheur éphémère.

140. **Phlox.** — J'ai l'illusion d'être aimé.

141. **Primevère.** -- Jeunesse. Je voudrais connaître l'amour.

La jeunesse ne doit jamais douter.

142. **Quarantaine.** — Ta beauté ramène le beau temps.

143. **Quintefeuille.** — Fille chérie.

Quel plaisir qu'une promenade au clair de lune.

144. **Renoncule.** — Vous êtes brillante d'attraits mais !...

145. **Réséda.** — Vos qualités dépassent vos charmes.

Le bonheur est durable dans sa simplicité.

146. **Rhodendron.** — Je vous ferai puissante et respectée.

147. **Romarin.** — Vous voir est ma vie.

148. **Ronce.** — Envie. Jalousie.

La vie est semée d'épines.

149. **Rose blanche.** — Pur amour.

Prenez la rose pour modèle.

150. **Rose rouge.** — Beauté toujours nouvelle.

L'amour n'a qu'un temps, mais l'amitié garde son parfum. C'est le bonheur.

151. **Rose de Provins.** — Patriotisme.

Il vous désire avec impatience.

152. **Rose du Bengale.** — Candeur.

Vous êtes divinement jolie.

153. **Rose mousse.** — Amour vrai.

Nous sërons heureux dans la solitude champêtre.

**154. Rose trémière. — Fécondité.**

Vous êtes belle.

**155. Sabot de Venus. — Fragilité.**

Il ne vous croit pas fidèle.

**156. Sauge.**

Pourquoi riez-vous des tourments de son cœur.

**157. Sagittaire.**

Votre amour a touché son cœur.

**158. Saxifrage.**

Votre indifférence le désespère.

**159. Scabieuse.**

Il pleure de votre abandon.

**160. Seringa. — Confiance.**

Son cœur est pénétré de vos bontés.

Conseil : L'amour aime qu'on s'occupe de lui.

**161. Souol. — Inquiétude.**

Votre silence lui cause du chagrin.

**162. Sureau.**

Il veut vous voir mais sans témoins. Prenez garde.

## — T —

**163. Thlapsi.**

Son amour brisera les obstacles.

**164. Thym.**

Vous embaumez tout ce qui vous entoure, vous serez heureuse.

**165. Trèfle.**

On attend de vous le vrai bonheur.

**166. Tulipe. — Orgueil.**

Qui vous voit vous admire !

Conseil : L'orgueil gâte une belle âme.

## — V —

**167. Verveine.**
Vous enchantez tous les cœurs.

**168. Vigne.**
Votre amour lui fera perdre la raison.

**169. Violette.** — Modestie.
Laissez-le vous aimer en secret.
Conseil : Heureux qui répand ses bienfaits et cache sa vie.

**170. Volubilis.** — Attachement sincère.
Il ne demande qu'à s'attacher à vous.
Conseil : Les caresses sont les petits sous de l'amour.

# L'HEURE DU RENDEZ-VOUS

## A quelle Heure.....

| | | | |
|---|---|---|---|
| Œillet jaune | Orme | Œillet de Chine | Belle de nuit |
| Lotus | Orchidée | Gde Piéride | Liseron des haies |
| Campanule | Coquelicot | Nénuphar | Pensée |
| Violette | Mauve rose | Géranium | Ficoïde |
| Pourpier | Rose | Dahlia | Hyacinthe |
| Marguerite | Capucine | Réséda | Glycine |
| Jasmin | Camélia | Silene de Nice | Cactus |
| Œillet rose | Mélèze | Quintefeuile | Œillet fané |

# QUEL MOIS ME MARIERAI-JE ?

## MOIS SYMBOLIQUE

| | | |
|---|---|---|
| Rose de Noël | Violette de Parme | Primevère |
| Pensée | Gui | Anthemis |
| Pervenche | Muguet | Bluet |
| Amaryllis | Myosotis | Ph'ox |
| Rose | Myrte | Cyclamen |
| Mauve | Pivoine | Jacinthe |
| Chrysanthème | Verveine | Rose de Jéricho |
| Narcisse | Anémone | Mimosa |

# QUAND SE DECLARERA-T-IL ?

## SEMAINE SYMBOLIQUE

| | | |
|---|---|---|
| Giroflée | Œillet de Chine | Mimosa |
| Anémone | Géranium | Rose |
| Azalée | Lilas | Coquelicot |
| Lis blanc | Œillet panaché | Jonquille |
| Boule de neige | Œillet fané | Narcisse |
| Patience | Pavot | Violette |

# I

## L'HEURE DU RENDEZ-VOUS

### REPONSE

#### Horloge symbolique

1 heure. — **Lotus,** laiteron de Laponie.
2 — **Orchidée,** salsifis jaune.
3 — **Grande pléride.**
4 — **Liseron des haies.**
5 — **Campanule,** crépide des toits.
6 — **Coquelicot,** pavot, scorsonère.
7 — **Nénuphar blanc.**
8 — Œillet simple, mouron rouge, **pensée.**
9 — Souci des champs, **violette.**
10 — Ficoïde napolitaine, **mauve rose,** pour-
— pre des jardins.
11 —. Ornithogale, **géranium.**
Midi Fleur de Midi (**ficoïde glaciale**).
13 heures. —Œillet prolifère, **pourpier.**
14 — Crépide rouge, **rose,** héliotrope.
15 — **Dahlia,** pulmonaire, pissenlit.
16 — **Hyacinthe,** belle de jour.
17 — **Marguerite,** fleur du grenadier.
18 — Géranium triste, colchique, **capucine.**
19 — Hémérocalle safranée, **Réséda.**
20 — Liseron droit, **Glycine.**
21 — Nyctanthe de Malabar, **jasmin.**
22 — Liseron à fleurs pourpres, branche de

23 — **Silène de Nice.**
lilas, **camélia.**

Minuit        **Cactus.**
Œillet rose. — Oui !
—    jaune. — Non !...
—    fané. — Trop tard !...
—    de Chine. — Jamais.
Belle de nuit. — Ce soir !...
Mélèze. — Cette nuit !...
Quintefeuille. — Au clair de la lune.
Orme. — Attendez-moi !...

---

## II

## QUEL MOIS ME MARIERAI-JE ?

### REPONSE

### Calendrier de Flore

Janvier. — **Rose de Noël, Mimosa,** violette simple.
Février. — **Violette de Parme, Anémone.**
Mars. — **Primevère, Narcisse,** perce-neige, giroflée.
Avril. — **Pervenche, Jacinthe,** lilas, aubépine.
Mai. — **Muguet, Pivoine, iris,** rose de mai.
Juin. — **Mauve, Bluet,** pavot, nénuphar.
Juillet. — **Phlox, Rose,** œillet, laurier-rose.
Août. — **Myosotis, myrte,** magnolia, balsamic, acacia.
Septembre. — **Amaryllis, Cyclamen,** réséda, lierre, colchique.
Octobre. — **Chrysanthème,** **Anthémis,** bruyère, arum, houx.

Novembre. — **Gui, Anémone,** verveine.
Décembre. — **Rose de Jérioho,** pensée.

---

## QUAND SE DEOLARERA-T-IL ?

### REPONSE

#### La semaine symbolique

Lundi. — **Anémone, Azalée,** baguenaudier.
Mardi. — **Boule de neige,** camélia, **geranium.**
Mercredi. — **Mimosa, Rose,** épine-vinette.
Jeudi. — **Lilas, Lis blanc.**
Vendredi. — **Ooquelicot, Pavot,** scorsonère.
Samedi. — **Narcisse, Jonquille.**
Dimanche. — **Giroflée, violette,** pensée.

---

Œillet de Chine. — Jamais.
— fané. — Trop tard !...
— panaché. — Il réfléchit !
Patience !... — Patience !...

---

# ORACLE DU POILU

## SPÉCIALEMENT POUR LES MARRAINES

# AUX MARRAINES

Voulez-vous avoir de suite une réponse du poilu, consultez l'oracle.

Fermez les yeux, mettez un doigt sur le casier et reportez-vous au numéro indiqué. Vous saurez immédiatement ce que pense votre filleul, pendant qu'il est aux tranchées.

| | | |
|---|---|---|
| 16. Saucisse | 4. Cage à Poules | 17. Diable bleu |
| 2. Bidoche | 9. Pépère | 8. Fourragère |
| 3. Cagna | 15. Pinard | 12. Marraine |
| 18. R. A. T. | 1. 75 | 21. Victoire |
| 10. Gnôle | 13. Perlot | 7. Jus |
| 14. Tranchées | 5. Cuistot | 11. Marmite |
| 6. G. V. C. | 19. La Perme | 20. Communiqué |

### Réponses de l'oracle poilu aux marraines.

**1. 75.** — Pensez, marraine, à m'envoyer des pruneaux.

**2. Bide.** — Ne manque jamais de courage, mais reçoit volontiers tout autre supplément substantiel.

**3. Bidoche.** — Avec des patates autour, on dirait le ragout de mouton de ma belle-mère. J'aime mieux vos conserves, ne vous gênez pas, marraine, elles seront les bienvenues !

**3. Cagna.** — Evidemment, c'est moins confortable que votre appartement, marraine. On ne descend pas du ciel, on descend sous terre. Le gaz ne vaut rien, il vient des usines boches. Pour ne pas que l'on trouve le temps long, écrivez donc à votre filleul.

**4. Cage à poules.** — Faut pas vous figurer, marraine, que c'est un poulailler. Non ! La cage à poules est un avion. Les coqs qui sont dedans n'ont pas du sang de navet encore moins la chair de poule. Ils pondent des œufs sur les nids boches et ces œufs-là ça fait de belles omelettes.. Envoyez-moi un peu de beurre !...

**6. Cuistot.** — Un poilu qui descend du singe, voyage au front avec une roulante que l'on appelle : la Bitumeuse. Vous n'auriez pas quelques assaisonnements à m'envoyer pour ajouter au rata du cuistot.

**0. G. V. C.** — Gardez vos charmes, marraine, pour l'adoration de votre filleul à sa prochaine perme.

**7. Jus.** — La grande satisfaction du poilu est de boire un quart de jus bien chaud, le matin !... Avoir du jus, c'est épatant !... Aussi quand un poilu dit d'une femme qu'elle a du jus, c'est qu'il la trouve belle et bonne, comme vous, marraine.

**8. Fourragère.** — Un ornement de laine qu'on achète au prix de la peau. Tout porteur de fourragère, marraine est nécessairement fourrageur. Tenez-vous sur vos gardes !

**9. Pépère.** — Un poilu qui ne s'en fait pas, produit de la graine de bluets. A la disposition de usted !...

**10. Gnole.** — Très goûtée à l'état liquide. C'est probablement parce qu'elle vous tape sur le ciboulot que l'on dit de certaines femmes : Ce qu'elle est gnôle !... D'une marraine comme vous, on dit qu'elle est gironde parce qu'elle a du bon vin !...

**11. Marmite.** — Les marmites boches n'ont rien de commun avec celles des boulevards extérieurs de Paris. A ces deux espèces, on préfère la marmite du cuistot. Vous pouvez envoyer de quoi la faire bouillir.

**12. Marraine.** — En songeant à sa marraine, le poilu dit : C'est ma Reine !

**13. Perlot.** — Le perlot s'appelle aussi du trèfle. Le civil le baptise tabac. N'oubliez pas d'en mettre quelques paquets dans le prochain envoi.

**14. Tranchées.** — On peut avoir des boyaux sans tranchées mais il n'y a pas de tranchées sans boyaux. Ce qu'il y a de curieux, c'est qu'un poilu dans les tranchées n'a jamais la colique. Par précaution, marraine, envoyez-lui une ceinture de flanelle.

**15. Pinard.** — Le pinard est avec le jus le grand régal du poilu. Un quart de pinard dans la cafetière réchauffe le fusil. Arrosez marraine, pour le pinard du poilu, S. V. P.

**16. Saucisse.** — Très bonne dans la choucroute, en temps ordinaire, mais à la guerre la saucisse ne remplit pas le même office. C'est un ballon qui sert à observer les positions boches. Tout n'est pas rose d'être observateur à bord d'une saucisse, on risque de la faire truffer aux marrons. Vous pouvez toujours envoyer les marrons, marraine, même s'ils sont glacés.

**17. Diable bleu.** — Un poilu qui a le diable au corps. Il fait des bleus avec son moulin à café. C'est extraordinaire, on dit que ce diable est gentil tout plein avec les femmes. Je ne m'y fierais pas si j'étais du sexe, mais il est si gentil l'alpin !... Marraine, je vous conseille de ne pas oublier le diable bleu !... Il vaut le diable !...

**18. R. A. T.** — Ne croyez pas parce qu'il porte ces trois initiales que ce soit un raté. Au contraire, il est solide. Et il ne faut pas lui en promettre.

**19. LA PERME.** — Ça, c'est le nanan ! Marraine, quand j'aurai ma perme, c'est que j'aurai aussi celle de vous embrasser ?

**20. Communiqué.** — Des histoires pour ceux de l'arrière qui n'y comprennent rien. Le meilleur des communiqués c'est celui qui consiste à écrire à sa marraine qu'elle ne s'en fasse pas parce que son filleul ne l'oublie pas. Et naturellement, le filleul demande qu'il lui soit communiqué qu'il en est de même.

**21. Victoire.** — Une brave fille un peu longue à arriver mais qui viendra sûrement. Le poilu lui fait les yeux doux, des yeux aussi doux qu'à vous, marraine. Et ce sera bientôt, n'est-ce pas que nous la chanterons, Victoire !...

# Quelques Moyens de Divination

## La Bougie, la Bague, le Coq, les Petits Papiers, le Blanc d'œuf, etc.

# Quelques moyens de Divination

De tout temps les voyants ont essayé de tirer des conclusions pour le « futur » des objets qui les entourent.

Dans toute espèce de divination, c'est l'acuité de vue et d'intelligence du devin qui est importante et non l'objet matériel dont il se sert.

Nous allons passer en revue quelques moyens qui, s'ils ne sont pas d'une exactitude rigoureusement scientifique sont du moins fort amusants.

## I

## LA BOUGIE

On prend une bougie que l'on allume, puis la consultante ou le consultant la transperce de sept épingles, trois à droite et quatre à gauche.

L'on examine ensuite, en les notant au fur et à mesure, les figures que forment la cire ou la stéarine en brûlant et on en tire des déductions comme dans le cas du marc de café.

La consultation prend fin lorsque le feu a atteint la septième et dernière épingle.

## II

## LES EPINGLES

On prend une poignée d'épingles neuves et on les jette en l'air de façon à ce qu'elles retombent sur une table couverte d'un drap, noir autant que possible.

Ce sont les figures géométriques formées par leur enchevêtrement dont on tirera des pronostics.

## III

## LA NEIGE

Cette pratique a un certain rapport avec le marc de café. Elle consiste à étendre sur le sol au moment où il neige un carré de drap qu'on laisse se recouvrir de flocons blancs. On débarrasse ensuite d'une secousse rapide l'étoffe de la neige en excès et on examine les lignes géométriques formées par ce qui reste d'adhérent à l'étoffe.

## IV

## LA BAGUE

1° Prenez un cheveu d'une longueur de dix à quinze centimètres environ.

2° Attachez à ce cheveux une bague (de préférence une alliance).

3° Prenez un verre en cristal et tenez la bague attachée au-dessus du verre de façon qu'elle puisse en frapper les parois.

4° Posez une question dont la réponse nécessite un nombre.

Par exemple : Dans combien de jours, de mois, de semaines, d'heures ?... etc...

5° Tenez le cheveu entre le pouce et l'index bien immobile et attendez.

Les mouvements de pulsation des veines et des artères impriment à la bague de petites oscillations et elle finit par aller heurter les parois du verre.

6° Chaque fois que l'anneau frappe comptez.

7° Dès que la bague s'arrête, la consultation cesse.

Ce moyen de divination est surtout employé par les enfants et les jeunes filles.

Si c'est un homme qui consulte il faudra lui prendre plusieurs cheveux que l'on attachera les uns au bout des autres comme font les pêcheurs pour construire leur ligne.

## V

## L'ANNEAU

Même manière de procéder que pour la bague mais en servant d'un anneau correspondant aux planètes, savoir :

Voulez-vous savoir une chose de rancune ?

Par exemple, si vous vaincrez votre ennemi ?

Prenez un anneau de plomb, suspendez-le à l'un de vos cheveux et un samedi aux heures de Saturne (midi à 1 heure, 6 à 7 heures soir, minuit à 1 heure du matin et de 6 à 7 heures dans la matinée du dimanche), tenez-le au-dessus d'un verre à demi rempli d'eau. Plongez-le trois fois dans le liquide, puis relevez-le et demeurez immobile tenant les cheveux entre le médius et le pouce.

L'anneau frappera contre les parois du verre et répondra à toutes vos questions.

Si vous voulez employer le moyen des sybilles antiques, mettez autour de ce verre les 24 lettres de l'alphabet, et notez celles que désignera l'anneau.

Pour choses d'argent, prenez l'anneau de Mercure formé d'un alliage d'étain, de plomb et de vif-argent, agissez le mercredi aux mêmes heures que ci-dessus

et tenez le cheveu enroulé autour du petit doigt.
Pour affaire de famille, prenez l'anneau de Jupiter
fait d'étain. Tenez le cheveu entre le pouce et l'index et agissez le jeudi. Pour histoire de cœur : le
vendredi et prenez l'anneau de cuivre de Vénus tenu
entre le quatrième doigt et le pouce. Mêmes heures.

Pour affaires d'honneur et de gloire, opérez le
dimanche jour de Soleil et servez-vous d'une bague
d'or.

Pour les voyages, les choses d'imagination, d'embarquement et de navigation, agissez le lundi et employez l'anneau de la Lune qui est d'argent.

Quand vous aurez noté les lettres et le nombre de
coups, formez des mots et des phrases se rapportant
à votre pensée.

## VI

### LES PETITS PAPIERS

#### A.— Pour savoir le prénom de son futur ou de sa future

1° Dans une feuille de papier blanc, on découpe
treize triangles aux trois côtés égaux absolument
identiques les uns aux autres.

2° Sur les douze premiers on inscrit les noms des
soupirants. S'ils ne sont que deux, on inscrit six fois
le premier et six fois le second.

Sur le treizième on écrit : Le Diable !...

3° Mettez au feu une casserole aux deux tiers
pleine d'eau.

4° Pendant que l'on chauffe, roulez en forme d'estompe les treize bouts de papier de façon à cacher la réponse. Ils offriront alors l'aspect de petits tubes de même largeur.

5° Dès que l'eau entre en ébullition, on dispose les treize rouleaux sur un tamis ou sur une étoffe claire et on verse l'eau dessus.

Le premier papier qui se déroule sous l'influence de la chaleur donne la réponse de l'Oracle.

Si c'est « le Diable » la questionnaire coiffera Sainte-Catherine.

## B. — Autre moyen de divination

Inscrivez sur les douze papiers douze réponses différentes à la question qu'il s'agit de résoudre.

Laissez le treize en blanc.

La première réponse apparue sur le papier premier déroulé est la bonne. Si c'est le papier blanc qui s'est redressé, tout est à recommencer.

## VII

## LA CYCLOMANCIE

La cyclomancie est un autre jeu des petits papiers et auquel on s'habitue bien vite.

On écrit sur des cartons, en ayant soin de mettre une lettre sur chacun une question quelconque.

On range au hasard ces cartons en les plaçant en cercle.

On promène lentement ses regards tout autour et l'on arrive à former des combinaisons nouvelles de mots.

A mesure que les mots viennent on retire les lettres pour ne pas employer les mêmes deux fois. Et s'il en reste deux ou trois inemployées à la fin, elles servent d'initiales à des mots qui sont le complément de la phrase obtenue.

Exemple : « Dois-je espérer le mariage pendant le cours de l'année ? » Il y a 44 lettres, dont 44 cartons à ranger en rond.

Je regarde longuement et j'obtiens ceci : « Non, mais le cœur sera pris. Angèle. »

Je conclus que le cœur sera pris par une femme nommée Angèle. Et comme je veux savoir l'époque, j'interroge les trois lettres inemployées qui restent et sont D. A. N. et je traduis : Dans années nouvelles. C'est simple et amusant.

## VIII

### LE BLANC D'ŒUF

Ce procédé est des moins compliqués et remonte comme l'alectryomancie à une haute antiquité.

La condition importante est de n'employer que des œufs de la première fraîcheur.

Voici comment l'on procède :

1º Cassez un œuf et séparez le jaune du blanc.

2º Jettez le blanc dans un verre à moitié rempli d'eau pure.

3º Déposez le verre dans un endroit bien sec et à l'abri de la poussière. Laissez reposer le contenu vingt-quatre heures mais sans le couvrir.

Au bout de ce temps, le blanc, en se coagulant, aura formé un certain nombre de figures que l'on expliquera de la même manière que celles qui se dessinent dans le marc de café (voir page 97).

Cette explication n'est pas toujours satisfaisante, les figures, en général, sont en petit nombre et assez indécises. Il est bon d'employer plusieurs blancs d'œufs dans autant de verres que l'on range en ligne droite et que l'on consulte en commençant de gauche à droite.

On ne peut employer moins de trois verres, mais jamais plus de sept.

# IX

## L'ALECTRYOMANCIE

### Divination par le coq blanc ou par la poule noire

Cette pratique remonte à la plus haute antiquité, elle était déjà employée par les Romains et, de nos jours, beaucoup de personnes en font encore usage.

Voici comment l'on procède :

L'essentiel d'abord est de se procurer soit un coq blanc, soit une poule noire. Ni une poule blanche, ni un coq noir ne feraient l'affaire.

La veille du jour où l'on désire consulter l'oracle, on met l'animal dans une cage et on le laisse jeûner pendant vingt-quatre heures.

Le lendemain, on trace sur une surface plane — un parquet ou même la terre battue — un vaste cercle tout autour duquel on inscrit les vingt-quatre lettres de l'alphabet, puis sur chaque lettre on dépose un grain de froment, d'orge ou de tout autre céréale.

On fait alors sortir le gallinacé de sa prison et on le place au milieu du cercle.

Après avoir battu des ailes, l'animal commence à picorer les graines selon sa fantaisie.

Le consultant, qui a eu soin de se poser mentalement une question, note alors chacune des lettres, débarrassées du grain qui les couvraient, dans l'ordre même où elles ont été mangées.

Il ne reste plus qu'à lire la réponse parfois très claire, parfois aussi peu intelligible.

Dans ce cas, il est permis au consultant d'intervertir l'ordre des lettres jusqu'à ce qu'il arrive à leur donner un sens précis.

Si même en employant ce moyen il ne parvient pas à trouver une réponse intelligible et adéquate à la demande, il en est quitte pour recommencer l'épreuve en remettant de nouvelles graines sur les lettres, mais, pour une même question, on ne peut réitérer l'épreuve plus de trois fois.

Si, au bout de trois fois, la réponse n'est pas plus satisfaisante, il est inutile d'insiter. Cependant, il y a grande chance, dans ce cas, pour que l'affaire sur laquelle on a consulté ne réussisse pas et soit arrêtée par une foule d'obstacles et de difficultés.

Il y a encore une manière plus simple et plus facile de consulter l'oracle, c'est d'inscrire au tour du cercle au lieu des lettres de l'alphabet, sept fois le mot **oui** et sept fois le mot **non**, de façon qu'un **oui** se trouve toujours entre deux **non** et un **non** entre deux **oui**.

On dispose alors comme précédemment des graines sur les oui et sur les non et l'on note la réponse aux sept questions que l'on a posées. Il est d'usage de ne pas poser moins de sept questions

Ce procédé, moins compliqué que le précédent, paraît plus séduisant au premier abord ; en réalité, il est beaucoup moins intéressant, car il manque de l'imprévu qui se rencontre dans le système des lettres où on obtient parfois des réponses tout à fait inattendues.

---

# TABLE DES MATIÈRES

Imp. de la Bourse de Commerce (C. Bureau), 35, rue J.-J.-Rousseau, Paris